"Adalah ... u selama keliling ... nda, namun sarat makna. Pe... -jalan jadi tak sekadar 'jalan-jalan' melainkan jalan-jalan yang dapat meningkatkan kesadaran spiritualitas dan menaikkan iman pembacanya. Sebuah hikmah besar dari perjalanan ke luar negerinya yang pertama, yang merupakan jawaban dari kata 'Haram' di sini. Yang paling menarik dari buku *traveling* ini adalah bagaimana penulis "menggoda" pembaca untuk segera pergi haji. Siap untuk digoda???"

—Hanum Salsabiela Rais. *Dentist, journalist, TV presenter, German and English moderator, editor, and last but not least, book author* 99 Cahaya di Langit Eropa

"Buku yang menarik dan menggugah, bercerita tentang pengalaman-pengalaman seru sang penulis dalam berkelana keliling dunia dengan bermodalkan tekad, doa, dan semangat yang tak pernah padam. Seorang *muslim traveler* yang meraih mimpinya lewat doa di tempat terbaik. *Recommended!*"

—Muhammad Assad. Pengusaha, penulis buku national best seller *Notes from Qatar*

"Ada kalimat bijak yang mengatakan bahwa lebih terasa rahmat Tuhan jika menjadi orang beruntung dibandingkan hanya menjadi sosok yang pintar. Melalui buku ini, kita seolah diajak menjadi hamba Tuhan yang sanggup berbuat lurus dengan segala kebaikan dan kebenaran sehingga menjadi makhluk bumi yang berpikir dengan cara surgawi."

—Ir. Shahnaz Haque Ramadhan. Artis, presenter

"Pemuda sekarang kalau mendengar kata '*Traveling*' matanya langsung melotot berbinar-binar antusias, *iler netes-netes* iri pengin juga bisa menjejak tanah negara impian masing-masing. *Haram Keliling Dunia* memberikan kepuasan tersendiri bagi kita-kita yang belum pernah menjejak tanah di luar tanah indonesia. Dari sini kita belajar kalau punya target dan ada kesempatan harus dimanfaatkan untuk pilihan yang sebaik-baiknya. *Go, traveler!* Haram kalau cuma sekadar *traveling* biasa!!"

—Rossticha Tazkia. 21 tahun, aktivis Al-Azhar Youth Leader Institute (AYLI)

"Judul yang unik..makin penasaran *bwt* baca.. Daan ternyata *pemirsaaah*... WOW... *Amazing... Amaziiing* (gaya tukul) *hehe*... Bikin makin ingin beribadah haji. Amin... Semoga bisa melaksanakan rukun Islam yang ke-5. Dikemas secara menarik, memotivasi untuk meraih mimpi. Terbukti dengan menjadi hajjah termuda di Singkawang. "*Haloo, Bu..*" *hehe*... Meraih beasiswa ke Belanda yang ceritanya bikin WOW lagi, keliling Eropa... daaan jadilah buku ini...WOOW juga, kan?? *Kereeen*! *Ga* ada yang *ga* mungkin. So, bacalah buku ini biar makin semangaaaat, kakaa! =D"

—@nHaeGerhana. Mojang Priangan, teman kos penulis yang kocak, sengaja *nitip* alamat Twitter biar banyak yang *follow*

"Setiap muslim harus punya keberanian untuk menjadi '*Haram Traveler*' di usianya yang masih muda! *Under 40's.* Saya sangat terinspirasi dengan perjalanan ibadah haji sekaligus 'jalan-jalan' alias menjadi '*Haram Traveler*' seperti yang dilakukan sohib saya ini. Pasalnya, dalam benak saya orang yang biasanya naik haji adalah orang-orang tua yang ingin mendekatkan diri kepada Tuhan di usia mereka yang sudah senior. Namun, kawan saya ini sungguh sangat berani mengambil langkah itu untuk beribadah haji di usianya yang masih sangat muda dan menggunakan satu-satunya uang pembagian warisan dari orangtuanya.

"Kepribadian NFW ini sangat unik menurutku. Ada sisi religius, namun punya sisi kejahilan dan penasaran yang tinggi, *open minded, gokil*, namun *smart*! Dia bergaul dengan siapa saja, *unlimited*. Itu bisa terlihat dari tulisan-tulisannya dalam buku ini. Kepedulian sosialnya juga tinggi. Seruuu, deh, baca tulisan ini! Bisa *ngakak-ngakak* sendiri tapi sarat dengan makna dan bisa memotivasi kita untuk beribadah haji di usia muda. Cerita kuliahnya di Belanda serta petualangannya di berbagai negara di Eropa juga seru *abis*! Membaca buku ini akan membuat kita lebih *open minded*, memperkaya pengetahuan, memberikan banyak tip untuk pelajar muslim tentang cara beradaptasi di Eropa, dan juga memotivasi para pemburu beasiswa luar negeri."

"Masjidil Haram, *The Holy Place for Muslim*. Mimpinya

terwujud berawal dari perjuangannya menjadi *Haram Traveler*, serta doanya di Masjidil Haram. *Traveling* yang penuh dengan berkah dan super komplet. Menggapai mimpi dunia dan akhirat sekaligus! Saluut dengan kau, sahabatku! *Keep moving forward in life!* Kejar terus mimpimu! Dan buat orangtuamu terus bangga denganmu, sobat!"

—Siti Badriyah. Tempe for the World Movement, *green land lover, green deen enthusiast and supporter*, Japan Indonesia Kaizen Center. Twitter @Siti_Greenland

"When I met Nur in the Netherlands and afterwards in Indonesia, there was always something happening. Being busy with the exchange program between PMI and NLRC, or with study and PMI activities. When she finally came to Den Haag for her study at ISS, she really had the time to explore different items. So she joined the Red Cross Boat staff volunteers, she travelled around for a week with elderly handicapped persons. In this way, she learned much more about the Dutch society. Nur was learning all the time, so she explored Europe in an sensational way. Spain, Italy, Turkey, UK, Belgium, France, you name it and she has been there.

"Also working in our International Department was an eye opener, East and West working together in the Red Cross office, we learned even some Indonesian words. Like 'Selamat pagi' or 'Trima Kassi'. What a pity that she had to go home, we really enjoyed her stay very much!"

—Paul van Oers. Netherlands Red Cross

"Petualangan keliling Eropa ini ditulis dari sudut pandang perempuan muslim yang mandiri, berprestasi, tapi tetap *gokil* dan menikmati hidup."

—Nadya Karimasari. Sahabat dan mantan *roommate* penulis, peneliti masalah lingkungan di Yogyakarta

"Nur, you are a woman of this time, you are modern and can live at any place on Earth. You are like a chameleon and never shy to try something new. In spite of this, you always keep your Indonesian identity and dignity.

"We loved to have you here and to see you can still enjoy the little things, which we find very normal. I learned to see my world through the eyes of you and realized how wealthy we are here. But you are richer in another way, which is more important in live."

—Margo Becking. *Author's mom in Holland*

"Haram Keliling Dunia *gives a fresh and new Muslim perspective on studying and traveling (and getting sick!) in Europe. Febri is an intrepid traveler, fearlessly seeking new experiences to places she has only heard about, and unafraid to present herself as a visible Muslim wherever she goes (even to a Hungarian public bath!). This book not only gives tips about traveling as a Muslim, but also illustrates the befitting attitude to have when exploring the amazing creations of God (like Capri Island!)."*

—Sya Taha. Editor at OpenSEAM.net, *author's best friend*

"Febri *a.k.a* Bumen. Sebagai teman dan atasan di kantor, ia telah dengan '*elehan*' (saking elegannya) menguak kisah-kisah nyatanya menjadi bacaan yang enak—seenak snek Double Decker, informatif seperti peta wisata, dan inspiratif bagi yang belum naik haji jadi pengin cepat-cepat berhaji. Sungguh pengalamanmu telah meracuni otakku, Bumen!"

—Nur Akmalia *a.k.a* Butet. *Health educator, trainer, entertainer, loves to laugh... and eat!*

"Martin Buber pernah berkata, *all journeys have their secret destinations*. Filsuf eksistensialis ini mencoba menjelaskan bahwa setiap perjalanan bukan hanya tentang tujuan semata, ada banyak kejadian yang tak terduga dalam perjalanan tersebut. Nur Febriani dalam perjalanannya untuk menunaikan studi nyatanya tidak saja belajar di dalam ruang kelasnya, tetapi ia menikmati bercengkerama dengan keluarga baru, suasana baru, dan kebiasaan baru. Dari petualangan euforia ke Barcelona hingga kegiatan kemanusiaan dengan Palang Merah. Sungguh kisah yang menyenangkan untuk dibaca, bacaan yang inspiratif, khususnya bagi para pecinta hidup dan petualangan."

—Sarasdewi. *A philosophy lecturer at University of Indonesia, sentimental Balinese, ice cream lover, dog enthusiast, vegetarian, non-mainstream singer & a Liverpudlian*

"Yang bisa *traveling* keliling dunia itu banyak, tapi yang bisa 'jalan-jalan' tanpa sekadar menyandang status 'turis' itu tidak banyak. Nah, apalagi yang punya kemampuan untuk menuliskan, bahkan untuk membukukannya. Hal itu makin jarang. Menikmati perjalanan dengan segala lika-likunya dan juga belajar banyak dari pengalaman personal tersebut, adalah apa yang saya dapatkan ketika tenggelam dalam kisah-kisah Febri."

—Ema. *Traveler* yang pernah berbagi jalan dengan sang penulis, saat ini sedang sibuk menjadi Ka Prodi Fak. Komunikasi Univ. Bina Darma Palembang

"*Subhanallah*, sebuah tulisan yang sarat akan wawasan, dan tentunya hikmah serta pelajaran yang berharga. Seorang Nur Febriani sukses membawa pembacanya merasakan petualangan keliling dunia. Bahasanya ringan dan gurih. Membuat buku ini tidak bosan untuk dibaca. Yang mau keliling dunia, baca buku ini dulu, deh! :D"

—Rina Suryani Oktari. Sahabat penulis, ibu dari 3 anak yang ganteng dan cantik, aktivis sosial di Aceh, gagal lulus dari UI karena kena "kutukan Kewiraan"

"Buku ini sangat direkomendasikan untuk dibaca. Informasi di tiap negara dikemas secara detail dengan gaya bahasa yang riang. Jadwal kuliah yang padat dan tidak berperikemahasiswaan nyatanya tidak membuat Febri jera untuk jalan-jalan. Berbekal laptop, GPS di ponsel, buku, jurnal, dan kamera, Febri serta teman-teman Indonesia memanggul ransel dan siap menjelajahi sudut kota."

"Selain memberikan trik dan strategi mumpuni menjadi *traveler* sejati, nilai-nilai moral disisipkan di tiap episode. Intinya, tidak ada kata haram bila ingin mengeksplorasi dunia. Di balik cerita riangnya, ada cerita pilu yang tidak ditulis, yakni di kala Febri meraih kalkulator dan berteriak histeris, '*Jiiiiaahhhhh*, uangku habis, Mak!' *Anyway, Febri is still Febri.* Gaya 'Dora the Explorer'-nya patut diacungi empat jempol! *She was the top explorer amongst Indonesian students.* Hebat, bukan??"

—Emmy Primadona Than, alias Emak. Sister dan suster Penulis saat belajar di Belanda, aktivis lingkungan asal Jambi

Haram Keliling Dunia

Nur Febriani Wardi

Penerbit PT Gramedia Pustaka Utama, Jakarta

KOMPAS GRAMEDIA

Haram Keliling Dunia
Oleh Nur Febriani Wardi

GM 21801130001

Editor: Fridia Novi Arimbi
Perwajahan Isi: Mulyono
Ilustrasi & Perwajahan Sampul: Stella Pong

Diterbitkan pertama kali dalam bahasa Indonesia oleh
Penerbit PT Gramedia Pustaka Utama,
Kompas Gramedia Building Blok I Lt. 5
Jl. Palmerah Barat No. 29-37, Jakarta 10270
Anggota IKAPI, Jakarta, Februari 2013
Cetakan kedua: Mei 2013
Cetakan ketiga: Agustus 2013

www.gramediapustakautama.com

ISBN: 978-979-22-9211-4

Dicetak oleh Percetakan PT Gramedia, Jakarta
Isi di luar tanggung jawab Percetakan

Untuk Ayahanda yang menurunkan bakat menulisnya kepadaku—walaupun sepaket dengan gen tubuh yang kecil mungil—dan Ibunda, guru terbaikku yang tidak hanya mengajar, namun juga mendidikku. Dan, untuk pemuda Indonesia yang ingin menggapai mimpinya...

dan untuk Gavin yang baik,

selamat membaca :)

Really nice to meet ya!

Febry

Daftar Isi

Terima Kasih. Dank Je Wel. Merci. Danke. Gracias. Grazie. Tesekkür Ederim. Syukran.

Bismillahirrahmaanirrahiim.

Terima kasih tak terhingga kepada Rabb semesta alam, Allah Swt., yang telah memberikan kemampuan, semangat, dan mimpi kepada saya untuk menjelajahi belahan bumi lain dan mengagumi keindahan ciptaan-Nya, yang kemudian melahirkan buku ini. *Subhanallah, walhamdulillah, walaailaahaillallah, wallahuakbar.*

Tentunya, ada banyak orang berjasa yang terlibat, mulai dari menghamili hingga membidani buku ini (*gini* nih kalau orang *public health* yang ngomong). Pertama-tama, terima kasih untuk Ayahanda yang selalu mengingatkanku untuk menulis ke mana pun aku pergi. Ayahanda yang dulu menjadi penulis andal di majalah dinding dan diam-diam menginginkan anaknya menjadi penulis, buku ini untukmu. Kemudian, untuk Ibunda yang tidak ragu untuk melepas anak perempuannya belajar di tempat yang jauh, yang memelukku dengan doa dalam diamnya, buku ini pasti lahir karena doamu.

Kemudian, untuk saudara-saudara lelakiku yang mengajariku bermain catur sewaktu aku masih kecil, aku yakin hal itu membantu pola pikirku menjadi *strategic*.

Sekarang kita bertanding dalam percaturan hidup. Dan semoga kita semua mampu menjadi pemenang. Juga, terima kasih untuk saudara perempuanku yang selalu siap sedia merawat orangtua kami sehingga aku tak pernah ragu untuk melanglang buana.

Danke gila untuk Siti Badriyah, sahabat, teman kos, sekaligus motivator utamaku yang gila, yang memberiku target 6 bulan untuk mulai menulis hingga menerbitkan buku ini. *Deal* Kopaja 66 kita berhasil—walau sedikit meleset perkiraan waktunya, *hehe*! *Yaayy, escape from poverty!* Semoga mimpi gilamu tercapai pula!

Gracias untuk motivator-motivator dan pemberi masukan atas tulisanku: Nadya Karimasari yang pertama kali membaca blogku, Nhae Gerhana yang sering memotivasi dalam proses meluncurkan buku ini, Efha yang menemani dan mendukung dengan input-input berharga (terima kasih sekali atas ide peribahasa di lembar transisi), Dwi Astuti Yunita, Ratri Ciptaningtyas, Dwi Harsono, Agha *the only exception* yang selalu *ngotot* untuk minta *diceritain*, Emma Apriyani yang membaca di awal penulisan HKD, Dini Agusri yang mengkritisi dengan tajam (*makasih*!), Diah Tri Antari, Rina Suryani Oktari, Aliya Kemala, Salman Mauluddin Idris yang katanya mau beli 10 eksemplar, Mas Yudi PMI, dan Kiki kawaii chan *(the proof reader)*. Serta, tak lupa para pembaca pertama dan para pemberi *endorsement*, seperti Muhammad Assad, Hanum Rais, Shahnaz Haque, Sarasdewi, dll.

Dank je wel Yecin Apriana, *my travel buddy* yang selalu mengaku seksi, Kak Sokdah yang mensponsori sebagian tur

Eropaku, Sya, *my best friend*, dan Vis yang menjadi teman *facing the loneliness* selama di Belanda.

Grazie untuk pihak Gramedia yang mengiyakan untuk membidani lahirnya buku ini dalam 12 hari saja sejak naskah ini diajukan! Mba Fia, kamu baik, deh! ☺ Ibu Kuny, rekan-rekan *layouter*, marketing, dan lainnya, *makasih*!!

Tesekkür ederim untuk Stella Pong, illustrator muda dan hebat yang menjawab *OF COURSE* saat kutawari mendesain cover bukuku dengan *fee* yang cuma cukup untuk beli bakso (sebulan). Kami bekerja sama berbulan-bulan untuk membuat cover yang unik dan '*gue* banget'. *And, this is it!* Puasss banget dengan desainnya. *Recommended* abis!

Merci untuk keluargaku di Palang Merah Indonesia, Palang Merah Belanda, dan StuNed Scholarship yang telah membukakan jalan untukku *go international*. (*Agnezmo* banget :D)

Syukran untuk keluarga baruku di Yayasan Balita Sehat (Foundation for Mother and Child Health Indonesia), Barbara Jayson yang mempercayaiku, Butet yang mengantarkanku menjadi Bu Men, Ciz yang memberi ide brilian untuk menempatkan jawaban Haram di belakang, Ibu Wanti yang selalu mem-*backup* tugas manajer, Aris yang suka *jail* (*masa'* manajer *dikunciin*), dr. Elsa—dokter yang mengabdi, Pak Woto, Mba Ade, Ime, Mba Iis, Pak Lutfi yang bolak-balik ke Gramedia, Mba Ani, Ibu Sri, Ibu Kas, Mba Ririn, Achung, Dewi, yang semuanya baik *banget* menerimaku di YBS/FMCH Indonesia. Mohon dimaklumi ya *kalo* nanti Bu Men-nya sibuk bedah buku, *book signings*, jumpa fans, dll. *hahaha*...

Masih banyak *Terima Kasih* dalam bahasa asing lainnya. Seperti itu juga, masih banyak orang berjasa lainnya yang tidak bisa disebutkan satu per satu (kalau *disebutin* semuanya di sini, nanti harga bukunya jadi mahal karena akan setebal dosa, *hehehe*). Oh ya, bahkan tidak hanya orang, terima kasih juga untuk laptopku yang sudah luar biasa memfasilitasiku melahirkan buku ini, dari *body*nya yang cantik mulus hingga patah engselnya. *I love you, my baby air!*

Terakhir, untuk semua pembaca blog dan buku *Haram Keliling Dunia*, khususnya pembeli buku ini yang bernama:

____

Terima kasih! Aku doakan semoga bisa meraih mimpi-mimpimu, SEGERA!

Nur Febriani Wardi

Prolog

Belasan tahun yang lalu, di sebuah kota kecil bernama Sambas yang terletak di Kalimantan Barat, saat liburan sekolah, aku tidur-tiduran di samping Nek Aki—panggilan untuk Kakek dalam bahasa Melayu. Nek Akiku, walaupun sudah tua dan menikah dua kali, masih dipanggil Bujang. Ya gimana, namanya Bujang Mursidi, jadi kupanggil Nek Aki Bujang....

Malam itu, Nek Aki menanyaiku. *Cucu Aki ni, mau jadi apa?* Aku bingung mau menjawab apa, jawaban yang keren. Maklum, aku sendiri belum pernah serius memikirkan cita-citaku. Karena sering menonton film *action*, yang terlintas dalam benakku adalah menjadi polisi wanita, tapi rasanya kurang mengagumkan mau bilang bahwa cita-citaku adalah seorang polwan. Lantas, aku teringat film Si Doel Anak Sekolahan. *Aha*!

"*Umm... Mau jadi insinyur, Ki*," kataku sambil senyum-senyum, berharap dia puas dengan jawabanku. "*Oh, insinyur... bagus... tapi sebenarnya lebih bagus lagi jadi dokter*," katanya sambil mengusap rambutku. Aku memejamkan mata, saat itu aku menyesal tidak menjawab ingin menjadi dokter.

Nek Aki sudah lama meninggalkanku sebelum aku sempat menjawab cita-citaku yang sebenarnya. Aku tidak bisa membayangkan ekspresi Nek Aki kalau saja waktu itu aku menjawab cita-citaku bukanlah insinyur dan dokter. *Cucu Aki mau belajar di luar negeri, keliling dunia*. Tak peduli jadi apa, tapi pasti jadi seseorang!

Sayang, aku baru berani bermimpi seperti itu ketika aku duduk di bangku kuliah. Ah, kenapa tidak sejak SD aku terpikir hal itu dan berani mengatakannya kepada Nek Aki. Padahal dari kecil aku memang sudah suka dengan dunia luar. Contohnya, iklan yang paling kuingat adalah iklan snek *Double Decker*. Iklannya imut sekali, ada bus yang punya mata dan mulut. Selain itu, aku juga suka sekali menonton tayangan yang meliput acara jalan-jalan keluar negeri.

Keliling dunia itu seperti memberi makan pada mata dan hati. Ia bukan hanya akan memuaskan pandangan mata saja, tapi juga meluaskan hati. Ketika mendatangi berbagai negara, kita akan sadar betapa luasnya bumi ini. Betapa beragamnya manusia, dan betapa berbedanya satu sama lain. Keliling dunia membuat kita lebih mensyukuri keindahan ciptaan-Nya, bahkan menjauhkan kita dari pemikiran yang sempit. Keliling dunia membuat manusia lebih toleran dan saling menghormati. Karenanya aku yakin, keliling dunia itu dianjurkan.

Jadi, bukan haram, dong? Ya, bukan haram dalam arti dilarang. Tapi, arti haram di sini adalah sebagai sebuah awalan. **Semua ini berawal dari tanah haram, alias Masjidil Haram.**

ARAB SAUDI

"Padanya terdapat tanda-tanda yang nyata, (di antaranya) maqam Ibrahim. Barang siapa memasukinya (Baitullah itu), menjadi amanlah dia; mengerjakan haji adalah kewajiban manusia terhadap Allah, yaitu (bagi) orang yang sanggup mengadakan perjalanan ke Baitullah. Barang siapa mengingkari (kewajiban haji), maka sesungguhnya Allah Mahakaya (tidak memerlukan sesuatu) dari semesta alam."

(QS. Ali Imran: 97)

Haram Traveler

Desember 2006. Aku begitu *excited* dengan pengalaman pertamaku ke luar negeri, menuju tanah yang dipijak Rasulullah saw. Waktu itu usiaku 22 tahun ketika mengikuti Ayahandaku berhaji. Kata orang, musim haji saat itu adalah haji spesial. Karena hari wukufnya jatuh pada hari Jumat, orang-orang pun menyebutnya haji akbar. Ingatkah kamu akan suatu masa di mana para jamaah haji dilanda bencana kelaparan? Nah, saat itulah aku berhaji. Saking dahsyatnya pemberitaan tentang jamaah haji yang kelaparan itu, momen haji akbar justru jadi kalah tenar. Kami lebih dikenal sebagai "rombongan haji lapar". Namun sejujurnya, bukan lapar makanan itu yang sangat kurasakan, aku lebih "lapar" dengan pengalaman-pengalaman baru yang akan kutemukan dari perjalanan mahapenting ini.

Karena menjadi seorang yang paling muda dan paling melek teknologi, aku waktu itu menjadi andalan ibu-ibu di kelompokku. Misalnya, aku sering dimintai tolong untuk mengisikan pulsa atau menelpon kerabat di Indonesia menggunakan ponsel yang dibekali oleh anak-anak mereka dari Indonesia. Atau, aku diminta jadi tukang foto, karena saat itu mereka belum terbiasa dengan kamera digital. *Nggak* cuma itu, aku juga jadi tukang cek segala sesuatu di kamar, mulai dari berbicara bahasa Inggris dengan resepsionis *maktab* alias hotel, sampai memastikan semua ibu-ibu bisa mengoperasikan keran-keran dan *flush* di toilet/kamar mandi. Maklum, hampir semua ibu-ibu yang sekamar denganku ini belum pernah tidur di hotel, belum pernah terbang naik pesawat. Lucu-lucu, *deh!*

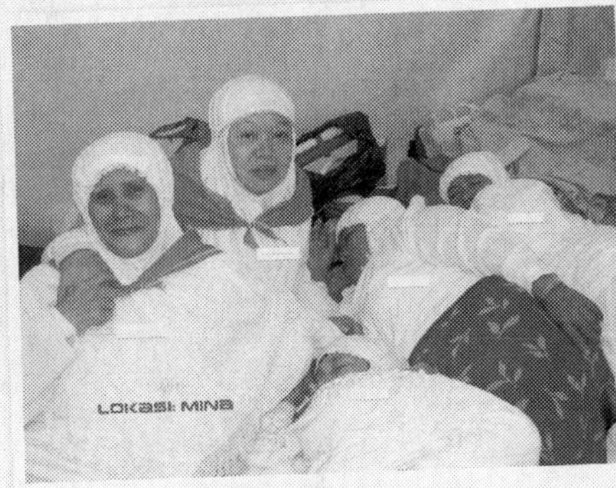

Ini dia ibu-ibu yang satu kamar denganku.

Pernah, ada seorang ibu yang belum pernah sekali pun naik pesawat, dengan sangat kebingungan menanyaiku. Kenapa oh kenapa, rupanya karena waktu turun dari pesawat, kaki kami tidak menjejak tanah. Padahal dia sudah bersiap-siap pengin sujud syukur saat turun dari pesawat—mungkin biar kayak rombongan jamaah haji yang sering kita lihat di *tipi-tipi, hehehe...* Setelah terdiam sejenak, aku mulai menjelaskan. *Ibu, kita turunnya tidak menjejak tanah karena kita tadi turunnya melalui belalai pesawat*. Waduh, belalai pesawat?? Mana dia *ngerti*? *Lha*, daripada aku bilang, *Ibu, tadi memang kita tidak turun langsung ke daratan, karena kita melalui* aerobridge. Aerobridge *adalah suatu sambungan berbentuk koridor yang menghubungkan pesawat dengan ruang kedatangan penumpang. Ishh*, kepanjangan!!!

Sebagai anak muda yang senang mengabadikan setiap momen alias narsis, aku melengkapi perjalananku dengan alat dokumentasi bak seorang jurnalis. Berbekal kamera saku pinjaman dari temanku dan *handycam* pribadiku, aku rajin melakukan syuting—mulai dari yang legal sampai ilegal. Kenapa bisa ilegal? Karena umumnya ada larangan untuk berfoto atau mengambil video di masjid.

Suasana Kakbah pada malam hari.

Di suatu sore yang nyaman setelah menunaikan shalat Asar, orang-orang duduk berkumpul dengan sanak famili menikmati sore di halaman Masjidil Haram, tempat tujuan nomor satu umat Islam di dunia karena ada Kakbah di sana. Ada yang mengaji, ada yang menikmati makanan, ada yang memberi makan burung. Beraneka gayalah! Aku pun terbawa suasana,

Pemandangan kota Mekkah dari atas flat kami.

jiwa fotograferku keluar. Aku mulai jeprat-jepret sana-sini, kadang memotret diriku sendiri dengan *background* masjid.

Saat sedang asyik berfoto ria di halaman Masjidil Haram itulah, aku diteriaki oleh seorang aki-aki. Aku bingung setengah mati, aku pikir ada masalah apa? Ya *ampyuunn*... ternyata dia memarahiku karena berfoto-foto di depan Masjidil Haram. Padahal aksiku itu di halaman depan, *lho*, ya, bukan di dalam! Entah benar atau hanya halusinasiku saja, seingatku dia meneriakiku, "*haram, haram*," sambil mengacung-acungkan tangannya ke arahku. Duh, kakek, *ngaget-ngagetin* orang saja! Aku kan cuma berfoto. Begitu dia tidak melihatku, narsis lagi, *klik*!

Foto yang membuatku diteriaki "haram".

Itu salah satu cerita yang ekstrem. Nah, kalau petugas pengamanan di pintu-pintu Masjidil Haram, baik yang laki-laki atau perempuan, selalu mengadakan pengecekan terhadap barang bawaan kita. Sekedar info, pada musim haji waktu itu, penjaga di Masjidil Haram ini kurang ketat dalam pemeriksaan. Mungkin karena begitu banyak orang hendak masuk ke sana. Aku sesekali berhasil menyusupkan *handycam* di bawah Al-Qur'an dan mukena. *Nggak* pernah ketahuan, tuh, *hehe*... Tapi, saat mengambil foto atau merekam gambar juga harus hati-hati karena kalau sampai tertangkap, si penjaga bisa meminta paksa kamera dan merusak kaset rekaman atau *memory card* kita. Aku pernah melihat seseorang ketahuan memotret Kakbah dari lantai atas. Seorang petugas datang dan langsung merampas *memory card*-nya. *Wuihh, apes tenan!*

Masjid Nabawi pada siang hari.

Namun, lain lagi ceritanya dengan Masjid Nabawi di Madinah. Penjaga-penjaga yang berdiri di pintu-pintu masjid di sana sangat *strict* dan galak. Padahal atap masjid Nabawi yang bisa terbuka dan tertutup secara otomatis itu menjadi hal yang sangat menarik untuk diabadikan. Belum lagi Raudhah yang katanya adalah tempat paling makbul untuk berdoa. Raudhah ini terletak di antara makam Rasulullah, yang dulunya merupakan rumah

Latar Kubah Hijau, di bagian bawahnya terdapat makam Rasulullah saw.

Rasulullah, dengan mimbar yang dulu dipakai Rasulullah saw. untuk berkhotbah. Namun jamaah yang sedang berdoa atau shalat di ruangan Raudhah dilarang keras untuk memotret ruangan tersebut.

Suatu hari, saat ingin melaksanakan shalat Zuhur di Masjid Nabawi, aku ditahan tak boleh masuk ke dalam masjid karena ponsel mungil milikku saat itu sudah berkamera. Saat petugas menemukan ponselku itu, aku dilarang masuk. Dengan tegas, aku pun "diusir". Aku disuruh shalat di luar masjid hanya gara-gara aku membawa ponsel berkamera. Kesal sekali aku! Namun hal itu justru membuatku memutar otak. *Ahaa*... ada ide!!!

Kebetulan aku punya dua ponsel. Besoknya, aku datang lagi ke sana dengan membawa ponsel Nokia jadulku yang gede dan tidak berkamera. Ponsel jadul itu aku letakkan dengan manis di atas mukena, di dalam tasku. Dengan tenang aku mendekati pintu masjid. Ketika mbak-mbak petugas berseragam gelap itu memeriksa tas dan menemukan ponsel antik itu, dengan cepat mereka langsung mengizinkanku masuk. Aku mengucapkan terima kasih, lalu masuk dengan takzimnya. *Yihaa, satu kosong!* Setelah menemukan posisi yang aman di atas sajadah tebal nan halus, dengan wajah sumringah, aku menurunkan sedikit kaus kakiku dan mengeluarkan si mungil berkamera. *Hmm*, untung waktu itu masih zaman ponsel berukuran mungil. Kalau sekarang, sepertinya tidak mungkin lagi, ponsel ukurannya *segede gaban* semua!

Gak kebayang nyusupin Blackberry, iPhone, atau Samsung Galaxy di kaus kaki.

Maaf ya, aki, *akhi,* dan *ukhti,* saya agak bandel, *hehehe...* Kan cuma untuk kenang-kenangan, biar bisa cerita kepada orang-orang di kampung. Begini *lho*, bentuk Masjidil Haram. Begini *lho,* bentuk atap Masjid Nabawi yang keren *banget*. Begini *lho,* bedanya suara azan di Masjidil Haram dengan Masjid Nabawi. Di kampung, ada banyak juga orang-orang tua yang belum ada rezeki untuk bisa pergi ke Tanah Suci meskipun ingin sekali. Bagi mereka, melihat foto-foto dari tanah suci bagaikan melihat sesuatu yang mereka impi-impikan—bisa menjadi hal yang sangat menyenangkan, sekaligus mengharukan. Dan buatku sendiri, ya...aku, *kan, haram traveler*, jalan-jalan sambil naik haji. ☺

Tapi terus terang, ada satu hal yang kurang aku sukai ketika berada di tanah Arab ini, yaitu ketika menemui begitu banyak coretan di tempat yang tidak seharusnya dicoret-coret, seperti di tembok bagian dalam dinding terowongan, di

Coretan pada dinding masjid.

permukaan tugu, di permukaan batu, sampai di dinding masjid. Bahkan yang lebih nekat lagi, waktu itu kudengar ada seorang laki-laki yang diamankan petugas saat akan menulisi maqam Ibrahim (yang dimaksud sebagai maqam sebenarnya adalah lokasi di mana terdapat cetakan kaki Nabi Ibrahim) dengan spidol. Ada-ada saja!

Coretan-coretan nama seolah menjadi bukti kehadiran si pencoret di tempat tersebut. Dan, percaya atau tidak, setelah kuselidiki—aku melototinya satu per satu, ternyata banyak nama yang ditorehkan dalam coretan-coretan itu adalah nama Indonesia. Nah, menurutku, daripada melakukan vandalisme[1] seperti mencoret-coret dinding atau tugu dan menuliskan nama kita di sana, lebih baik membawa kamera sehingga bisa mengabadikan kenangan bahwa kita telah mengunjungi tempat tersebut tanpa mengubah keadaannya. Meskipun untuk bisa mengabadikan beberapa lokasi dengan kamera itu mungkin harus main kucing-kucingan seperti pengalamanku, *hehe*...

---

[1] Perbuatan merusak dan menghancurkan hasil karya seni dan barang berharga lainnya (keindahan alam, dsb.). Sumber: www.artikata.com dari Kamus Besar Bahasa Indonesia

INDONESIA

"Seribu orangtua hanya dapat bermimpi, satu orang pemuda dapat mengubah dunia."

(Bung Karno)

Mengejar Semut di Seberang Lautan

Setelah perjalanan pertamaku ke Tanah Suci itu, aku meneruskan hidupku dengan obsesi ingin kuliah di luar negeri. Selama hampir 3 tahun aku bekerja di bidang sosial karena memang *passion*-ku ada di situ. Pekerjaanku sebagai "proyektor" alias tukang *ngerjain* proyek kesehatan mungkin kelihatannya tak menjamin masa depan. Jelas, dengan bekerja seperti itu tak akan ada uang pensiun dan tak ada kejelasan status. Bapakku sampai geram melihatku yang tidak mau menjadi PNS padahal kesempatan terbuka lebar. Waktu itu lulusan Fakultas Kesehatan Masyarakat sangat dibutuhkan di kota Singkawang, kota asalku, dan aku dengan tegas menolak melamar.

Setiap hari kupingku panas karena diceramahi bapakku. Tak lain dan tak bukan karena aku disuruh menjadi PNS. Ini kata-katanya yang paling kuingat, "Jangan sampai semut di seberang laut yang dikejar, gajah di depan mata *nggak* kelihatan." Ampun, *deh*, Bapak, siapa juga yang pengin mengejar semut. Dengarlah suara hatiku, aku hanya ingin mengejar mimpiku. Aku tak mau potensiku terkungkung di balik meja PNS. Jujur saja, aku tidak sanggup kalau harus bekerja dalam lingkungan birokrasi dan senioritas yang kuat, rasanya hal itu bisa mematikan kreativitasku. Aku ingin kuliah ke Eropa atau Amerika, kemudian bekerja di NGO. Akan kubuktikan itu, Rudolfo! Eh, Bapak!

Dua tahun aku bertahan dengan bekerja sebagai petugas lapangan PMI di Lembaga Pemasyarakatan Kota Singkawang, menemani para napi belajar tentang ilmu kesehatan, terutama kesehatan reproduksi dan pencegahan HIV serta AIDS. Selain mengerjakan kegiatan itu sebagai tugas utamaku, aku juga menjadi relawan di PMI. Sering aku menjadi petugas pertolongan pertama saat ada upacara hari besar nasional. Tugasku berdiri di belakang barisan sambil menunggu apakah ada orang yang pingsan. Jika ada yang pingsan, tinggal dioles-oles pakai minyak cap kapak. Setelah dua tahun bekerja dan menjadi relawan, aku dengan serius melamar beberapa beasiswa S2 luar negeri, di antaranya Ford Foundation dan StuNed. *Gimana* aku mau *nggak* serius, ayahandaku memberi titah mahamengerikan. Kalau tidak dapat beasiswa, harus jadi PNS!!! Akhirnya, berbarengan dengan proses seleksi beasiswa, aku juga mengikuti proses seleksi PNS, untuk memastikan mana jalan terbaik.

Ribuan syukur kepada Allah terucap ketika aku berhasil melewati tahap demi tahap seleksi hingga akhirnya aku mendapat beasiswa S2 di Belanda. Alhamdulillah, hasil tes PNS-ku juga mendukung, aku *nggak* diterima tes PNS! *Horeee*...mimpiku tercapai! Alhamdulillah, *nggak* sia-sia bersabar dengan menjadi relawan dan bekerja di PMI, mengerjakan aplikasi berbulan-bulan, dan bertahan melawan keinginan orangtua.

Untuk mendapatkan beasiswa penuh ke Belanda itu, ada drama yang tidak akan kulupa sepanjang hidupku, kecuali kalau aku menjadi amnesia, yaitu terlambat mengirim aplikasi. Begitu aku sadar untuk mengirim aplikasi yang telah kusiapkan berbulan-bulan dengan sepenuh hati, aku baru sadar kalau *deadline*-nya telah LEWAT!!! *Huaaa*! Hampir aku menangis malam itu. Tidur tak nyenyak, hingga keesokan harinya dengan jantung berdegup kencang seperti genderang mau perang, aku memberanikan diri menelpon Mbak Siska, yang waktu itu menjabat sebagai *Senior Scholarship Officer* di kantor beasiswa itu. Dengan memelas, aku meminta izinnya untuk mengirim aplikasiku yang terlambat. Aku bersyukur luar biasa, untungnya dia masih orang Indonesia, jadi dia masih mengizinkanku mengirim aplikasi itu. *Oke, kami tunggu dalam minggu ini,* katanya singkat. *Woohoo*!

Drama itu masih berlanjut dengan "hanya" ditetapkannya aku sebagai calon yang lulus seleksi administrasi di posisi cadangan. Artinya, kalau semua yang lulus seleksi berkas mengatakan "YA" untuk di seleksi bahasa Inggris dan *interview*, tamatlah riwayatku. Tapi, bukan anak muda namanya kalau sudah kalah duluan, *hehehe*... Beberapa orang yang terpilih ternyata menjawab tidak bisa datang ke Jakarta untuk mengikuti seleksi selanjutnya. Akhirnya, aku dipanggil lagi! Kemudian, seperti mengendarai jalan tol (bukan jalan tol di Jakarta, ya!), aku melesat dengan cepat. Semua ujian kulewati dengan baik, bahkan aku menjadi peserta persiapan bahasa Inggris terbaik di tempat kursus intensif kami di Jakarta. Tes IELTS yang menjadi persyaratan masuk universitas di Belanda juga kulewati dengan nilai yang menakjubkan, *overall*-nya, sih, standar 7, tapi nilai *reading*-nya—astaga, 8.5 dari skala 9! *Ajib,* kan? *I'm almost native, haha...* (padahal, jujur saja, waktu di Belanda kemampuan *reading*-ku *mpot-mpotan*).

Semua berjalan mulus, hingga sampailah aku ke negeri Belanda, di kota Den Haag. *Welkom!* Tapiii, siapa bilang kuliah di luar negeri itu enak melulu? *Not at all!* Ternyata kuliah di luar negeri itu kejam, siapa pun mesti *tough*! Tidak peduli anak orang kaya atau orang miskin, semua sama. Nggak bisa manja-manja. *Nggak* ada warteg yang jual makanan murah, apalagi *delivery*. *Nggak* ada tukang pijat lulur yang bisa dipanggil kalau badan sedang pegal linu. Dan, yang paling kubenci adalah *nggak* ada tukang *laundry* kiloan yang biasa jadi favorit anak kos. *Uhhh*...semua mesti dilakukan sendiri!

Karena terpaksa itulah, aku jadi harus belajar masak sendiri supaya bisa menghemat uang makan, agar bisa menabung buat jalan-jalan. Aku yang di rumah tidak bisa memasak, tiba-tiba di Belanda bisa jadi *chef,* mirip-miriplah sama Farah Quinn! (beda *size doang, hahaha*...). Mulai dari pecel hingga yang susah-susah seperti sambal goreng hati, bahkan rendang, pernah kubuat. Rahasianya? Gampang, cukup gunakan bumbu instan, *hehehe*.... Semua bumbu pernah kucoba. Sajiku, Kokiku, Bumbu Desa, entah apalagi namanya, yang penting yang judulnya *ndeso*, pasti enak! Paling hanya seminggu sekali aku dan teman-teman makan di luar, mencicipi restoran Cina, warung Suriname, atau warung Padang (ada juga lho di Belanda).

Namun, untuk mencapai level setaraf Farah Quinn itu, tentu tidak mudah. Ibarat orang belajar sepeda, pasti ada jatuh dulu, kan. Nah, aku punya pengalaman dahsyat tentang belajar masak ini. Waktu itu aku belum punya *rice cooker*, jadi harus memasak nasi di panci kecil dengan api dari kompor gas. Suatu siang di musim dingin, aku memasak nasi sendirian di apartemen yang memiliki dapur, ruang tamu, dan satu kamar itu. Kebetulan Sya, *flatmate*-ku, sedang keluar. Setelah beras kumasukkan ke dalam panci berisi air dan merebusnya, aku lalu tidur-tiduran di sofa di ruang tamu.

Tuuut... tuuut... Halo, samelekom! bla bla bla... Aku menelpon keluargaku di rumah. Lama sudah tak menelepon, banyak yang kuceritakan kepada bapakku, mulai dari keputusan pindah dari asrama ke flat, hingga membeli sepeda bekas. Begitu juga dengan Bapak, ia banyak bercerita tentang musim kemarau sampai musim durian. Mungkin hampir satu jam kami mengobrol, kemudian aku matikan teleponku dengan senyum puas.

Lalu, aku mulai menyadari ada sesuatu yang aneh. Ruangan tamuku, kok, jadi penuh dengan asap, ya? (*Lemot mode on*). Ya *ampuuuuunnnn...*!!!!! Nasikuuuu... Aku berlari ke dapur yang letaknya hanya 3 meter dari

Nasi "bakar"-ku.

tempat aku tidur-tiduran tadi. Kulihat sekilas panci yang tadinya *kinclong* sudah berubah menjadi hitam legam. Kumatikan api kompor gas itu. *Omaigot, omaigot*! Jangan sampai detektor asap menyala. Jangan sampai penghuni lain heboh. Jangan sampai ada yang membaui bau gosong ini. Dengan gugup kubuka jendela dapur selebar-lebarnya. Aku berlari menjejalkan lap ke bawah pintu flat supaya asap tidak tercium orang lain di flat itu. Degup jantungku sangat kencang, mukaku pucat. Apalagi saat aku melihat sebuah pemandangan yang menyeramkan. Tragis. Nasiku... *Hiks*, sudah tak putih lagi! Saking gosong dan kerasnya, sampai bisa dikelupas dari dalam panci!

SPANYOL

Nadie da palos de balde.

Tidak ada sesuatu yang gratis.

Sumber: http://en.wikiquote.org/wiki/Spanish_proverbs

Bola dan Paper

Masalah jalan-jalan, ini juga ada seninya, mesti pintar-pintar membagi waktu supaya bisa *traveling* meskipun kuliah *nggak* ada liburnya. Kampusku sadis! Setiap *term* itu *nggak* ada liburnya. Belajar, ujian, *essay*, belajar, ujian, *essay*, begitu terus sampai tiba waktunya untuk *research paper,* alias tesis. Baru, deh, bisa *plong* karena *nggak* ada kelas sama sekali. Tapi hal itu baru bisa terjadi pada bulan Juli tahun berikutnya. Kelamaan, dong, kalau harus *nunggu*. Kan, udah *nggak* sabar jalan-jalan. Jadi, semua peluang harus dimanfaatkan. Saat *weekend,* bisalah kabur sebentar ke negara yang dekat-dekat, seperti Belgia atau Jerman. Tapi, kalau mau ke Spanyol atau Italia, misalnya, bagaimana, dong? Nah, aku dan kawan-kawanku biasanya berspekulasi soal menggunakan waktu membuat *essay* pada akhir *term* untuk mengeksplorasi Eropa.

Akhir *term* pertama di bulan Januari, misalnya, kami sesama pelajar Indonesia sepakat untuk ke Spanyol bersama-sama. Masing-masing mengantongi tugas kampus yang harus diselesaikan. Namun kami tidak gentar, daripada *nggak* jalan-jalan, hayo? Segala sesuatu butuh pengorbanan. Kami rela bekerja keras memanggul ransel berisi laptop dan bahan kuliah demi "mencicipi" Spanyol. Bagiku, Spanyol adalah negara yang haram untuk tidak dikunjungi. Sebelum berangkat menuju Belanda, aku sudah bertekad untuk bisa menjejakkan kaki di Spanyol. Alasannya sederhana, bukan karena Spanyol memiliki kaitan erat dengan Islam (tidak sereligius itu niatku), tapi karena Spanyol pemenang Piala Dunia 2010. *Hehehe*...

Ayo, foto pake timer. *Klik!*

Karena kebanyakan yang pergi bersamaku adalah teman-teman cowok, tujuan utama kami di Spanyol tentu saja jadi *wajib-kudu* harus mendatangi stadion utama FC Barcelona di Camp Nou dan FC Real Madrid di Santiago Bernabeu. Nah, karena kami menghabiskan waktu lebih banyak di Barcelona, kami berkesempatan mengunjungi Camp Nou lebih dulu.

Pedro Pepe Junior, nih...

Pertama kali sampai ke kompleks klub sepakbola itu, kami melihat rombongan anak-anak berseragam kaus bola sedang berjalan dengan pelatih mereka—sepertinya. Aku langsung berpikir, *hmm,* ini dia calon-calon bintang sepakbola dunia lima belas tahun mendatang.

Begitu masuk lebih ke dalam, aku langsung jatuh cinta pada pandangan pertama dengan Barca. Agak *lebay*, ya, tapi biarlah! Memang kenyataannya mereka sangat keren. Bayangkan saja, sejak awal sampai di stadion ini, kami bisa bebas berekspresi di setiap sudut halaman, di setiap pojokan tempat jual suvenir. Kami bisa foto-foto dengan gaya angkat bola, tendang bola, pura-pura mengangkat trofi, *nongol* di antara baju Iniesta dan David Villa. *Uh*, masih banyak lagi yang bisa kami lakukan di sana. Pokoknya, dijamin puas *banget*!

Horee, kita menang!

Untuk pertama kalinya dalam hidupku, aku membeli beberapa suvenir dari klub sepakbola. Aku merasa senang saat membayar beberapa suvenir resmi FC Barcelona seperti pin, kartu pos berisi foto pemain ganteng Barca, dan tas berwarna pink (*wkwkwk*...). Oh ya, baru ingat, satu hal yang membuatku makin jatuh cinta pada Barca adalah logo UNICEF yang waktu itu masih terpampang di seragam dan juga di permukaan bolanya. Soalnya, dari dulu aku punya cita-cita kerja di UNICEF, *hehehe*... Itu sebabnya jadi *kesengsem abis* sama klub yang satu ini. Apalagi beberapa hari kemudian kami lalu mengunjungi stadion FC Real Madrid yang

Salah satu ekspresi favoritku. Si Dandy, temanku, sedang menyundul bola.

tertutup seperti penjara. Hatiku hancur berkeping-keping. Jangankan bisa berfoto bareng Cristiano Ronaldo, mau berfoto dengan penjaga toko suvenirnya pun *nggak* boleh. Intinya, masuk ruang suvenir tidak diizinkan berfoto-foto. Kalau mau berfoto dengan Ronaldo, harus masuk dulu ke sebuah ruangan dan membayar. Aku yakin, di dalamnya belum tentu ada Ronaldo, paling-paling juga pengunjung disuruh berfoto dengan posternya, atau mungkin dengan manekin yang didandani mirip Ronaldo. Sadisss!!! Pokoknya, *nggak* ramah pengunjung (*kere*) sama sekali. *I miss Barcaaa... huuhuu...*

Stadion Real Madrid.

Sejak saat itu, aku benci Real Madrid. Kalau aku sedang kesal, bisa jadi *ngomel-ngomel* begini, *"Dasar Real Madrid pelittt! Sponsornya aja BWIN, perusahaan judi. Semua dikomersilkan. Kapitalis! Beda banget sama Barca. Tuh, liat, profitnya aja dibagi ke UNICEF. Hidup Barca!!!"* Lho, kok malah ngomongin bola, ya. Ayo, sebelum aku ditimpukin fans-fansnya Madrid, mending kita kembali ke laptop.

Satu-satunya foto curi-curi yang kuhasilkan.

Nah, seperti yang kuceritakan tadi, aku dan teman-temanku yang nekat kabur ke Spanyol ini masing-masing membawa PR *essay* ke Barcelona dan Madrid. Konsekuensinya? Harus bawa laptop, yang beratnya saja sudah sekitar 2–3 kilo, mengurangi jatah bagasi yang hanya 10 kilo. Duh, gimana mau belanja! Namun mujur, dengan insting *strategic*-ku, aku sudah mulai mencicil mengerjakan *essay* jauh-jauh hari sebelumnya, jadi ketika sedang *traveling* itu, aku tidak terlalu pusing. Malang dengan beberapa teman yang lain, mereka tidak sempat mencicil *essay* sebelumnya karena fokus dengan ujian sehingga harus bekerja lebih banyak saat berada di Spanyol.

Dengan konsekuensi menyelesaikan *essay* itu, siang hari kami putuskan untuk jalan-jalan, malamnya kami berkejar dengan waktu mengerjakan *essay* yang berlembar-lembar. Karena koneksi *wifi* tidak tersedia sampai ke dalam kamar, terjadilah hiruk pikuk di ruang komputer hostel. Kami berebut memakai komputer yang tersedia di situ, mengakses internet untuk bahan bacaan menyusun *paper*. Setelah menyimpan semua bahan bacaan itu, kami melanjutkan pekerjaan di laptop masing-masing. *Suterezz abisss!!* Berikut tampang pelajar Indonesia yang pusing dengan tugas-tugasnya.

Liburan atau kuliah, ya...?

Yang paling *nyebelin* dari menggunakan komputer di hostel adalah bahasa di komputernya yang menggunakan asing, bahasa Jerman atau apalah, *meneketehe*.

Gimana kami yang dirundung kemalangan karena *essay* ini *nggak* tambah stres, coba! Baru mau tekan tombol *start*, bahasanya sudah beda. *Nggak* cuma bahasanya yang bikin *ribet*, mau *ngetik* juga *keyboard*-nya aneh bin ajaib, *nyusahin*!

Saat aku ingin *online* Facebook di Vienna, contohnya. OMG! tanda "@" aja *nggak* ada di *keyboard*, gimana mau *login* buat *upload* foto-foto narsis? Karena untuk melakukan *login* harus memakai tanda "@", aku terpaksa bertanya kepada si mbak bule yang kebetulan jaga. *"Mbak, ini gimana nampilin tanda @-nya, kok nggak ada sih?" Ehh buset*, dia juga bingung. *Gimana, sih? Kok bisa nggak tahu?* rutukku dalam hati. Dia lalu menekan-nekan aneka kombinasi *keyboard*, *gaakk nemu* juga. Akhirnya, karena sudah *mentok*, dia terdiam, lalu membuka laman Google, dia ketik perlahan, *at... symbol...* Enter. *Bret,* keluarlah hasil. Lalu, dia *copy* tanda @ yang muncul paling pertama, *paste* di Facebook. *Jiiiaahh, cape dehh!* Tapi aku harus mengakui, *you're brilliant*, kataku. *Ah, kadang-kadang otak saya memang di dengkul*, katanya malu, *hahaha*...

BELANDA

Die goed doet, goed ontmoet.

Kebaikan akan dibalas dengan kebaikan pula.

Sumber: http://en.wikiquote.org/wiki/Dutch_proverbs

Natal Bersama Keluarga Angkat

Saat pertama kali menjejakkan kaki di Belanda tahun 2007, di sebuah kegiatan pertukaran relawan Palang Merah, aku berjumpa dengan seorang lelaki berusia 50-an yang luar biasa ramah dan menyenangkan. Namanya Herman. Karena orang Indonesia tidak terbiasa memanggil nama langsung pada orangtua, rasanya *nggak* sopan, akhirnya kami—para relawan dari PMI—memanggilnya Papa Herman.

Aku dan teman-teman relawan PMI waktu itu menginap di rumahnya, di sebuah kota kecil bernama Bemmel, dekat kota Nijmegen. Keluarganya waktu itu sedang berlibur ke Bali, jadi aku tidak mengenal siapa pun lagi selain Papa Herman ini. Saat kunjungan balik tim relawan Palang Merah Belanda ke Indonesia, Papa Herman dan relawan dari Nijmegen menginap di rumahku di kota Singkawang, Kalimantan Barat. Sejak saat itu, kami terus menjaga kontak dan berhubungan via *email*.

Ketika beasiswa StuNed membawaku kembali ke Belanda tahun 2010, aku senang sekali karena akan berjumpa lagi dengan Papa Herman. Kami akhirnya berkesempatan bertemu pada sebuah pertemuan di Markas Besar Palang Merah Belanda, di Den Haag. Papa Herman membawa serta anak lelaki bungsunya yang berusia 25 tahun, aku berkenalan dengannya, Jim yang *charming*. Pulang dari pertemuan itu, aku berjumpa dengan istri Papa, kupanggil dia Mama Margo. Sebuah pertemuan yang hangat di hari yang cukup dingin. Aku berjanji akan mengunjungi mereka di liburan Natal.

Kala itu, sejak bulan November salju sudah turun. Aku teringat dengan waktu pertama kali merasakan butiran kapas ini turun menyapu wajahku saat bersepeda malam-malam meninggalkan kampus menuju flatku. Rasanya *excited* banget, aku mengingat momen ini sebagai salah satu momen paling memalukan dalam hidupku. Begitu sadar bahwa yang turun adalah butiran salju, aku tercengang-cengang, lalu tertawa-tawa sambil bersepeda, sendirian! Tingkahku seperti PNS yang baru saja mendapat gaji ke-13. Pengin *jaim* tapi *nggak* bisa, mulut rasanya *nggak* bisa menutup. Lalu, hal yang lebih *ndeso* lagi, *sstt*, jangan bilang-bilang, ya, nanti pasaranku turun! Saat itu aku membuka mulut dan mengeluarkan lidahku, lalu menangkap butiran putih itu dan melumatnya di dalam mulutku. Aaa...pengin tahu rasanya butiran-butiran salju itu, *hehe*!

Lantas, beberapa minggu setelah itu, salju turun dengan deras ketika hari mulai gelap. Baru kali ini aku melihat jalanan memutih. Wah...aku keluar dari kampus dan langsung berlari keluar, tak peduli akan hujan salju. Tebak hal apa yang kulakukan? Guling-guling! Lebih norak daripada latihan hidup di negara bersalju yang pernah kulakukan saat memasuki Snow World di Genting Highland, Malaysia. Puas berguling-guling dan lempar-lemparan bola salju, aku mulai melihat mobil-mobil yang tertutupi salju. Ah, mending kuabadikan sebentar namaku di situ. ;)

Kreativitas spontan, menulis nama di mobil orang. :p

A perfect white Christmas is coming...

Liburan Natal pertama tiba, aku mengajak teman seperjuanganku, sebut saja Yecong, seorang PNS jomblo berusia 30-an yang mendapatkan beasiswa dengan usahanya sendiri, berpenampilan tomboy namun berperasaan Cinderella, yang kelak akan menjadi *travel buddy*-ku, untuk pergi mengunjungi keluarga Papa angkatku ini. Kami dijemput di stasiun Arnhem oleh Papa. Sesampainya di rumah, Mama Margo menyambut kami dengan hangat. Kuberikan sekuntum bunga yang kubeli di stasiun Den Haag. Mama tampaknya senang sekali dan langsung menyiapkan vas bunga untuk menyimpan bunga itu di ruang keluarga. Di Belanda inilah baru aku belajar tentang menghadiahkan bunga. Di Indonesia, boro-boro, memberi bunga itu sepertinya ditujukan untuk orang meninggal, ya? *Hihihi*...

Ini dia si boneka rusa yang bisa bernyanyi.

Berinteraksi dengan keluarga ini sangat membuatku terhibur. Apalagi Papa keturunan Indonesia juga, jadi ia sangat santai seperti orang Indonesia. Mama menunjukkan kamar yang sudah ia persiapkan untuk kami. Luar biasa, ditata seperti hotel. *Bedcover* yang tebal, lengkap dengan handuk dan lap di ujung tempat tidur. Tapi yang paling menyenangkan, Mama menata meja dengan deretan lampu kelap-kelip dan meletakkan sebuah boneka rusa di sana. Jika dipencet tangannya, bonekanya akan mengeluarkan suara nyanyian: *jinggobel...jinggobel...* (*jingle bell... jingle bell... jingle all the way...*). *Hehehe*, lucu sekali.

Sedang bermain Rummikub.

Malamnya, setelah menikmati makan malam dengan masakan Mama dan tahu isi buatanku, kami menikmati kebersamaan sambil bermain Rummikub, sebuah *board game* yang berisi angka-angka. Kami juga memaksa Papa untuk ikut bermain kartu Uno. Sambil bermain, tertawa saling meledek, kami juga *curhat* tentang kehidupan. Yecong yang selalu galau dengan kisah asmaranya dengan cowok-cowok dari dalam dan luar kampus tentunya sangat bersemangat dengan sesi *curhat* ini. Mama bertindak sebagai penasihat, sedangkan aku dan Papa lebih senang mendengarkan. *What a warm family,* ya! ☺

Sebelum tidur, sambil menikmati *hot chocolate met slagroom* buatan Mama, kami menonton TV bersama. Aku dan Yecong tiduran di sebuah sofa empuk, Mama dan Papa tiduran di sofa satu lagi. Kami menonton sebuah film Belanda, mungkin seperti sinetron kalau di Indonesia. Bercerita tentang seorang laki-laki yang ganteng, yang memanfaatkan kegantengannya untuk gonta-ganti pasangan. Saat sedang asyik-asyiknya menonton, muncullah adegan-adegan hot tanpa sensor, semua *all you can see,* bukan *all you can eat*! *Ehemm*... Duh, aku dan Yecong mendadak langsung jadi malu. Kami melirik Papa dan Mama. Wah, mereka anteng-anteng saja, tuh. Dengan santai mereka bercerita bahwa tayangan di Belanda memang tidak ada sensor. Aih, tapi aku dan Yecong jadi merasa risih karena *nggak* terbiasa. Gini, deh, menonton adegan begitu mungkin bukan hal yang aneh lagi, biasa aja *kalee*, tapi kalau harus menonton itu saat sedang bersama orangtua?? Rasanya aku jadi pengin menonton Doraemon saja!

Keesokan harinya menjelang Natal, saat Mama

Lihat, deh, saljunya! Tebal *banget*, ya?

mulai sibuk dengan masakan-masakannya, aku, Yecong, dan Papa pergi ke supermarket membeli bahan-bahan untuk menyambut hari Natal. Kubeli sebuah kartu cantik sebagai ucapan untuk mereka. Sayangnya, aku lupa membawakan mereka hadiah dari Den Haag. Sumpah, gak kepikiran!

Malam Natal pun tiba, kami menunggu Jim datang dari Amsterdam sambil menonton TV dan *ngeteh*. Ada acara favorit pada malam itu, yaitu mengikuti acara penutupan *Serious Request 2011*, sebuah acara penggalangan dana Palang Merah Belanda terbesar dan berskala nasional. Sebagai keluarga yang dipersatukan oleh Palang Merah, tentu saja kami semua—plus si Yecong, ingin mengetahui seberapa besar dana yang berhasil dikumpulkan oleh Palang Merah Belanda tahun itu untuk anak-anak yang terkena dampak AIDS. Kebahagiaan kami bertambah ketika mengetahui hasil yang dikumpulkan sebesar 7 juta euro lebih (atau sekitar 82 miliar rupiah) dari acara yang berlangsung selama 6 hari dan termasuk paling fenomenal di Belanda.

Saat kami tengah bersuka cita dengan pencapaian Palang Merah, Jim akhirnya datang. Dia sedikit terlambat karena terjadi perubahan jadwal kereta. Maklum, musim salju. Moda transportasi jadi *ngaco*. Aku senang sekali melihatnya datang karena dia cowok yang periang. Jim segera bergabung dengan kami dan mengungkapkan kebahagiaannya dengan hasil luar biasa yang baru saja diraih oleh Palang Merah Belanda.

Asyiikk, tiba juga waktu untuk berbagi hadiah! Mama menghadiahi Papa sebuah kalender yang berisi foto-

foto perjalanan keluarga mereka. Papa dengan serius membuka lembar demi lembar kalender foto itu. Kemudian, Mama menghadiahi kami (ya, aku dan Yecong yang tidak membawa hadiah ini!), masing-masing sebuah kado.

Asyiik, dapat kado!

Waduh, jadi enak! ☺ Kami lantas membukanya dengan semangat. *Cihuyy*, sebuah kaus kaki tinggi berbahan wol khusus musim dingin yang di bagian bawahnya ada bulat-bulat karet kecil sebagai antislip di atas lantai. Yecong juga mendapat kado yang sama. Duh, jadi terharu! Mama tahu *banget* kalau kami memang *nggak* punya yang model begini. :p

Jim menghadiahi mamanya mainan-mainan kecil untuk digantung di pohon Natal. Kelihatannya simpel, tapi mamanya *hepi banget*, tuh! Kemudian, giliran Jim membuka hadiahnya. Kado yang cukup berat nampaknya. Saat akan membuka kado itu, dia memintaku memegang gelas birnya sebentar. Tak kuduga, dengan cepat dia memotretku dalam keadaan itu. *I'll show this to your father*, katanya terkekeh menjahiliku. *Dasaaar*! Dan, begitu Jim membuka kadonya, dia langsung terlihat sangat bahagia. Wow, coba tebak apa? Bukan *gadget*, bukan mobil, atau motor. Jim senang luar biasa karena dihadiahi alat-alat pertukangan macam obeng, tang, dan kawan-kawan! *Hahaha*... Dia segera berlari mengambil sebuah peti. Katanya, itu peti alat pertukangan milik almarhum kakeknya. Lalu, dengan bangganya ia menata alat-alat menukang itu ke dalam peti itu. *Oohh, so sweeett*!

Hari Natal pun tiba. Mama sudah berdandan cantik dengan blus merah plus bibir merahnya. Penampilannya kala itu kelihatan segar sekali di usianya yang sudah menginjak 50-an. Aku segera membantu Mama menyiapkan sarapan Natal. Menu kali itu adalah roti spesial *Christmas*, telur ayam, dan cokelat *Christmas*. Uniknya, telur ayam yang masih utuh dengan kulitnya itu tidak diletakkan begitu saja di piring, tapi dibagikan satu-satu dan diletakkan di sebuah tempat khusus untuk telur di samping piring masing-masing. *Nggak* praktis *banget* kalau dilakukan di Indonesia. Kebiasaan kita di Indonesia adalah kupas kulitnya, lalu ditaruh dalam piring, langsung gigit. Buat apa repot-repot menaruh telur dalam wadah khusus, ya! :D

Tampang-tampang bahagia.

Setelah sarapan, kami bersama-sama membaca kartu-kartu yang diterima. Mama senang sekali menerima kartu ucapan *handmade* yang kami beli di supermarket. *Kalian membuat ini sendiri?*, kata Mama polos, berharap anak-anaknya ini sangat kreatif. *Ya, mereka nggak tidur semalaman membuat kartu itu*, Papa menjawab dengan mimik seriusnya, dan Mama percaya! Gimana aku *nggak* cinta sama si Papa ini, *hehe*. Untuk menambah suasana

Papa, *I love you more!*

ceria, Mama memainkan piano, dan kami berdiri menontonnya. Saat sedang asyik-asyiknya menonton Mama bermain piano, Papa tiba-tiba datang sambil membawa setrika listrik. Aku sampai takjub dibuatnya! Dia menggelar papan setrika dan menunjukkan setrika itu padaku, lalu mengeluarkan leluconnya. *Don't let your father know this! In Holland, women are queen. Hahaha...*

Begitulah kesetaraan gender di Belanda, pekerjaan dapur tidak menjadi beban dari perempuan saja, namun para suami pun dengan senang hati melakukannya. Sering sekali aku melihat Mama memasak, kemudian Papa yang membereskan piring dan mencucinya setelah makan berakhir. Aku mengagumi konsep *take and give* dalam kehidupan mereka. Beberapa pagi dalam seminggu, Papa akan membiarkan Mama pergi ke kelas *dance* yang sangat Mama gemari. Pulang dari *dance,* Mama selalu tampak lebih ceria dan energik. Sikapnya jadi tak berhenti bergerak-gerak di dalam rumah, *hehehe...* Pernah, sekali waktu aku diajaknya ke kelas *dance* itu. Dan, wow, ternyata Mama adalah peserta yang paling TUA! Nah, lho, hebat, kan! Malam harinya, ketika Papa sedang tidur-tiduran di depan

What a picturesque view!

Ayo cepat difoto, sebelum saljunya retak!

TV di atas sofa yang empuk, Mama akan menghampiri dengan secangkir teh atau cokelat hangatnya. Dan, Papa pasti akan memuji, *Hmm... lekker!* Artinya, *uuhh*...enak *banget,* Sayang. *Buatin* lagi, ya, besok! :p

Kembali ke hari Natal itu, menjelang siang, Mama menunjukkanku tempat sarang burung yang ia siapkan di pohon di pekarangan rumah. Kemudian kami jalan-jalan keluar, meninggalkan Papa dan Jim yang hanya ingin berleha-leha di rumah, ke bukit untuk melihat indahnya kota kecil ini dalam balutan salju.

Tidak hanya bukit yang terbalut salju. Melihat sungai yang juga membeku menjadi salju pun sama menariknya. Mama turun ke bawah, aku segera mengikutinya turun, dan berpose di atas sebuah perahu kecil yang diselimuti salju.

Aahh, seperti lebaran tanpa ketupat, kurang afdal rasanya Natal tanpa salju, dan lebih *nggak* afdal lagi kalau musim salju tidak diisi dengan membuat boneka salju. Mama mengajakku membuat boneka salju di pekarangan rumah. Si Yecong rupanya tak berminat, dia memutuskan menjadi tukang foto saja. Mama mengajariku cara membuat bola-bola salju. Caranya dengan menggulingkan salju membentuk bulatan bola hingga ukurannya semakin besar. Sayangnya, saat itu butiran saljunya kurang bagus untuk membuat boneka salju. Butirannya mudah pecah, kurang lengket. Jadi kami tidak bisa membuat boneka salju yang normal. Dengan susah payah, hanya boneka salju buruk rupa ini yang bisa kami hasilkan. :D

Hiasan di atas kepala boneka salju itu sebenarnya berwarna putih, merah, dan biru. Persis seperti warna bendera Belanda. ☺

Aku belajar banyak hal dari pengalaman Natal bersama keluarga angkatku ini. Tentang menghargai perbedaan, tentang indahnya berbagi, tentang menghargai pemberian orang lain sekecil apa pun itu. Di Belanda, Natal sudah menjadi semacam kultur, sebuah proses budaya, dan bukan melulu soal agama lagi. Keluarga Papa angkatku ini contohnya. Mereka sudah lama tidak menjalankan agama Kristennya, tapi tetap merayakan Natal sebagai bagian dari kehidupan sosialnya. Natal adalah momen untuk berbagi dan berkumpul bersama keluarga dan sahabat terdekat.

Saking dikenalnya Natal sebagai bagian dari budaya, banyak juga yang menganggap ini adalah perayaan yang dilakukan semua orang. Coba bayangkan bila kita memberi kartu ucapan Selamat Idul Fitri kepada teman kita yang aktif di gereja. Aneh, bukan? *Yup*, benar! Terlihat aneh dan lucu juga bagiku, yang jelas-jelas seorang muslim dengan jilbab yang kukenakan. Di Belanda inilah, untuk pertama kalinya aku menerima sebuah kartu dari seorang sahabat Belandaku melalui pos, tulisannya simpel: *Merry Christmas*.

BELANDA

Zolang er leven is, is er hoop.
Di mana ada kehidupan, di situ ada harapan.

Sumber: http://en.wikiquote.org/wiki/Dutch_proverbs

Cinderella di Kapal *Henry Dunant* (1)

Waktu itu menjelang ulang tahunku di bulan Februari. *Aha*, jarang-jarang aku melewatkan ulang tahun di Eropa. Aku harus melakukan sesuatu yang istimewa! Dengan menggebu-gebu, aku menyampaikan keinginanku untuk menjadi relawan di sebuah kapal milik Palang Merah Belanda, namanya kapal *Henry Dunant*. Kebetulan, sebagai relawan PMI yang sedang kuliah di Belanda, aku punya kolega di kantor Palang Merah Belanda. *Cucoklah* pokoknya! Setelah dibantu oleh kolegaku itu, aku berhasil mendapat jadwal berangkat tanggal 14 Februari, tepat satu hari setelah ulang tahunku. Aku senang sekali karena cita-citaku untuk berlayar dengan kapal *J. Henry Dunant* akan segera terkabul.

Pelayaran dijadwalkan 6 hari, mulai tanggal 14 hingga 19 Februari. Aku sempat bingung dengan jadwal kuliahku, bagaimana cara izin yang mujarab? *Nggak* enak juga rasanya pada *convener* (semacam sebutan untuk dekan) mau bolos seminggu. *Ahaa*, aku ada ide!! Waktu itu di kampusku sedang demam menjelang Valentine's day. Teman-teman dari *student committee* berjualan bunga mawar untuk amal dan akan mengirimkannya ke *pigeon hall,* atau kotak surat orang yang ingin kita kirimi. Kubeli beberapa bunga untuk sahabat-sahabatku, dan tak lupa satu bunga untuk *convener*ku. Kuselipkan kertas ucapan berisi rayuan gombal sambil memelas minta izin bolos untuk menjadi *volunteer* di kapal Palang Merah. Tanpa menunggu jawaban, keesokan harinya ketika hari masih gelap, aku telah berangkat menuju geladak kapal itu.

Dengan susah payah, setelah menggunakan Google Map di Blackberry dan bertanya pada banyak orang, akhirnya aku menemukan kapal itu. *Oohh*, aku sangat bahagia melihatnya! Kapal besar yang menjadi impianku selama ini. Kapal *Henry Dunant* adalah kapal pelayanan Palang Merah Belanda untuk membawa orangtua atau orang sakit berjalan-jalan di sungai, entah itu di Belanda atau Jerman.

Pasti sudah tahu, kan, kalau orangtua di negara-negara maju umumnya tinggal sendiri, atau jika mereka dalam keadaan sakit biasanya hanya diurus oleh perawat saja. Itulah salah satu alasan mengapa Palang Merah sebagai organisasi yang peduli kemanusiaan menyediakan kapal *Henry Dunant* sebagai kapal pesiar bagi mereka yang sudah lanjut usia ini, untuk memberikan mereka waktu keluar dari rutinitas dalam kamar mereka,

Kapal Henry Dunant.

dan menikmati keindahan negeri mereka dengan tetap memperhatikan perawatan kesehatannya. Masing-masing orang tua itu akan dilayani oleh relawan, kemudian beberapa pasien itu dijaga oleh satu perawat. Nah, kalau ada masalah, Palang Merah juga menyediakan dokter jaga. Jika sampai terjadi sesuatu yang memaksa tamu harus dibawa ke rumah sakit, ambulans Palang Merah akan siap sedia menjemput tamu di pemberhentian-pemberhentian terdekat. Mantapp!

Kapal *Henry Dunant* dan ambulansnya.

Sambil celingak-celinguk, aku naik ke kapal dengan membawa surat yang menjelaskan statusku sebagai relawan. Kulihat ada seorang cowok di luar sedang membersihkan kapal. *Ssttt*... tukang bersih-bersih di sini *cakep, sist*! Aku masuk dan menemui seorang perempuan paruh baya yang juga sedang dikelilingi banyak orang. Sepertinya dia orang penting dalam pelayaran ini, mungkin koordinator relawan. Aku menunjukkan suratku. Dia menanyaiku beberapa hal, yang sukses kujawab dengan membuatnya kesal. Alasannya karena dia bertanya dalam bahasa Belanda, lalu kujawab dalam bahasa Inggris, *hehehe*... Dia stres, aku yakin dia syok karena baru kali ini ada orang *nggak* bisa bahasa Belanda nekat menjadi relawan. Aku merasa *nggak* enak. Dengan wajah sebal, kemudian dia memanggil seorang bapak, mungkin Kapten atau asisten Kapten, yang ajaibnya bertubuh jauh lebih pendek dibanding bule-bule lain (*curiga gue, kayaknya itu bapak ada turunan Indonesia, deh!*). Syukurlah bapak ini bisa berbahasa Inggris. Bapak ini bahkan dengan ramah berbicara denganku, mencari namaku dalam daftar, kemudian memberiku pin relawan.

Masih ada waktu beberapa saat sebelum pembukaan. Aku punya waktu untuk mengamati kapal ini terlebih dulu. Kapal ini bertingkat-tingkat, ada restorannya, ada liftnya, banyak kursi roda. Aku lalu masuk ke dalam kabinku. Sebuah kamar kecil berisi tiga tempat tidur, yang satu bertingkat. Ada kamar mandi dan toilet di dalam kabin itu. Aku beristirahat sebentar di kabin sambil *upload* beberapa foto kapal ke teman-temanku di Facebook. *Exist teteup* jalan, dong! Aku langsung pamer kalau aku sudah ada di dalam kapal dan siap berlayar!! *Hohoho*...

Pemandangan di ruang bagian atas kapal.

Acara pembukaan. Semua relawan berkumpul dalam ruang besar. Aku perhatikan mereka semua. Waduh, bule semua! *Tuwir-tuwir*, lagi! *Nggak* ada yang kukenal satu pun.

Mereka ribut mengobrol dalam bahasa Belanda. Aku duduk sendirian *cengangas-cengenges ra ono koncone*. Rupanya, dalam acara ini, bapak yang menolongku tadi yang memberi sambutan. Dia memberikan presentasi tentang Kapal *J. Henry Dunant* dan tugas-tugas relawan. Aku pikir dia akan bicara dua bahasa. Tapi, oh…ternyata tidak! *Dutch only* :(*Roaming pliizzz!!!* Semua orang tertawa, aku tidak. Eh, aku tertawa, *ding*, akhirnya! *Maksa*. *Huaaa*…aku nggak ngerti apa yang mereka bicarakan. Tiba-tiba aku menyesal tidak bisa bahasa Belanda. Aku merasa seperti alien.... *Hiks*....

Setelah pembukaan, kami dipersilakan mencicipi kue yang disediakan. Semua penumpang masih berkumpul di ruang pertemuan itu. Aku yang masih sendirian, mengambil sepotong kue, semacam risoles. Sambil memandangi keadaan di luar melalui jendela kaca, aku mengunyah kue itu. Entah apakah perasaanku yang sedang kacau atau lidahku yang tak beres, ya? Aku kembali merasa-rasa kue itu, kok, rasanya aneh. Aku mengunyahnya lama sekali di mulutku, dengan susah payah kemudian kutelan potongan yang sudah kugigit itu. Mulutku rasanya menolak kue itu. Aku lalu mendekati seorang bapak yang duduk di belakang meja resepsionis. *"Sorry, Sir, do you know what's inside?"* tanyaku sambil memperlihatkan potongan kue yang sudah kugigit sebagian. "*Yeaha, I think it's bacon*," katanya *innocent*. Mukaku merah padam, refleks pengin muntah. Segera aku berlari masuk ke toilet terdekat. Ya ampun, salah masuk, lagi! Ini toilet orang cacat! Dan... *huekk*!!

Setelah tragedi salah makan itu, aku bertemu dengan Bapak yang baik tadi. Dia lalu membawaku ke lantai bawah.

Aku mengikutinya sambil bertanya-tanya dalam hati mengenai tugasku. Kami melewati lorong-lorong panjang di kapal, kemudian memasuki sebuah ruangan kecil penuh dengan kain. *Nah*, kata Bapak itu, *ini kerjaanmu*. Mencuci linen dan membersikan toilet seluruh penumpang (*OMG! Nggak ada yang lebih berat dari ini, Pak, kerjaannya?*). *Dan ini teman kerjamu,* katanya mengenalkanku dengan seorang ibu tua. Berdua *doang ngerjain segitu berat??* Dia berbicara dengan ibu itu dalam bahasa Belanda kemudian pamit, meninggalkanku dengan senyum manisnya. *Wadduhh, gubrag dot kom ini!*

Kulihat ibu tua itu, wajahnya kurang ramah. Dia sudah mulai bekerja dan kurang memedulikanku. Aku mencoba mengajaknya mengobrol. Tapi lagi-lagi, *arrghh...roaming*! Dia tidak bisa bahasa Inggris, *hiks*... Aku mesti bagaimana ini, seperti anak hilang yang tidak tahu harus melakukan apa. Terpaksalah aku hanya pura-pura memperhatikan sekeliling dan melihat caranya bekerja. Beberapa menit kemudian, dia mengomel dan meninggalkanku. *Huuaa*... ini, nih, akibat jadi orang *ababil*. Sumpah, ini hari yang paling *nggak* enak, *most alienated ever*!

Aku meringkuk kusut dalam ruangan kecil sumpek itu sendiri, galau tingkat tinggi. Membayangkan kasur dan internet, dua kenikmatan duniawi yang kutinggalkan. *Huuh*, seandainya aku *nggak* nekat ke sini. Pasti aku sedang bermalas-malasan di kasurku sambil otak-atik internet, kemudian pergi bersepeda ke kampus untuk melihat berapa banyak bunga mawar yang masuk ke *pigeon hall*-ku hari itu. Siapa tahu ada bunga dari *secret admirer*. Aku sibuk mengkhayal ke mana-mana!

Tiba-tiba, si Bapak tadi sudah ada di depanku lagi. Mau apa dia, mau *nyuruh gue nyuci* toilet?? *Hayo, ikut saya ke atas,* katanya. *Hmm*, ada apa ini. Kok, naik ke atas lagi? Oke, deh, aku mengikutinya. Sesampainya di lantai atas, di ruangan restoran, aku diperkenalkan dengan dua orang ibu. Ternyata, seorang ibu yang bertugas di restoran mau menggantikan posisiku di bawah, alias kerja di toilet. Nah, kemudian seorang ibu lainnya yang cantik, ramah, dan bisa berbahasa Inggris, memperkenalkan diri serta mengatakan akan menjadi mentorku di bagian restoran ini.

Akhirnya! Aku bisa tersenyum lebar. Dalam sekejap penderitaanku berakhir. Aku naik pangkat, dari petugas toilet naik menjadi petugas restoran, *hehehe*... Sebagai petugas restoran, kami mendapatkan seragam, kaus berkerah, dan kain hitam sebagai bawahan. *Huftt*, kain seragamnya kepanjangan untukku yang bertubuh pendek. Harus kulipat-lipat dulu sebelum mengikatkannya di pinggangku. :)

Action!

Cinderella di Kapal *Henry Dunant* (2)

Mentorku sangat baik. Beliau mengajarkanku cara menata roti-roti, memberitahu daftar nama roti, biskuit, dan *cake* yang bermacam-macam. Aku juga diperkenalkan dengan tim mencuci piring (oh, ternyata mencuci piring adalah bagian dari tugasku juga, *hahaha*... Tapi tak apa, daripada membersihkan toilet!). Tunggu dulu, ya, jangan bayangkan kegiatan mencuci piringnya kulakukan di wastafel atau mesin cuci piring biasa. Bukan, bukan yang itu. Karena restoran ini melayani ratusan orang penumpang kapal, alat cuci piringnya juga berukuran *guede*. Bentuknya kotak persegi dengan ukuran 2 meter ke samping, di bagian sampingnya ada rel-rel. Kita hanya cukup meletakkan satu per satu keranjang berisi peralatan makan yang sudah disemprot air dengan kekuatan tinggi. Nanti keranjang itu akan berjalan sendiri dengan bantuan rel dan langsung masuk ke dalam kotak. Di dalam kotak itu, piring akan dibersihkan lagi. Keluar dari situ, piring gelas sudah bersih dan panas, karena sekalian dikeringkan. Jadi, kita hanya perlu menunggu di ujung sana untuk mengelap piring dan gelas itu. *Udah, deh*, tinggal teman lain yang memasukkan peralatan makan yang sudah bersih itu sesuai variannya.

Bersama mentorku.

Aku menyukai tim baruku ini, dan mereka juga menyukaiku. Beberapa dari mereka bisa berbahasa Inggris. Aku tak menyia-nyiakan kesempatan ini, aku belajar dengan baik semua yang mereka ajarkan padaku. Mulai dari belajar kosakata alat-alat dapur dan peralatan makan dalam bahasa Belanda, misalnya, *kleine messen* untuk pisau makan kecil, *grote messen* untuk pisau makan besar. Belajar kosakata dapur ini penting karena hampir semua tamu akan meminta alat makan dalam bahasa Belanda. Aku juga belajar bagaimana menata kue, keju, selai, dan kawan-kawannya, hingga membersihkan lantai dapur. Kebersihan adalah yang utama bagi mereka. Lantai dapur tidak dibersihkan sebulan sekali atau seminggu sekali, tapi setiap hari. Setelah selesai membersihkan semua peralatan makan malam, kami akan menyikat, mencurahkan karbol dan air panas agar dapur bersih, bebas bakteri, dan siap digunakan lagi keesokan harinya.

Kru resto yang lain.

Lelah, tapi tetap gembira.

Sungguh sebuah pengalaman yang tak terlupakan. Setiap pagi aku bangun jam 5 lewat, shalat Subuh, kemudian meninggalkan kabinku, dan menuju restoran. Saat semua orang masih tidur, kami sudah beres-beres, menata meja, dan peralatan makan, memasukkan aneka roti, *cake,* dan biskuit ke tempatnya, kemudian menunggu para *chef* selesai memasak dan mulai menyajikannya. Jam setengah delapan, para penumpang mulai berdatangan ke restoran bersama perawatnya masing-masing.

Berdua dengan mentorku, kami bertugas memastikan wadah-wadah di meja terisi dengan baik. Akibatnya, aku pun harus hilir mudik di sekitar meja itu. Rupanya, tamu-tamu memperhatikanku. Wajar saja, aku beda sendiri. Relawan-relawan lain sudah beruban, aku paling muda sendiri (paling kecil dan paling eksotis juga,

Resto team!

hehehe!).

Mentorku sampai menanyaiku, *Emangnya kamu udah nggak butuh duit?* Dia heran anak muda sepertiku mau jadi *volunteer* 6 hari kerja keras tanpa dibayar. *Ya butuhlah, Mam, tapi bagiku pengalaman itu jauh lebih mahal. Aku saja sampai bolos kuliah kok untuk bisa datang ke sini*, kataku. Dia terbengong-bengong mendengarku. *FYI*, relawan di Belanda itu umumnya orang-orang tua yang sudah pensiun, sudah tidak butuh uang lagi, dan hanya ingin berbagi dengan sesama sambil menikmati hari tuanya.

Aku tidak menyangka bahwa sifat alienku ternyata bisa menguntungkanku dan membuatku nyaman. Tiap hari, banyak tamu yang menyapaku, mereka bicara tentangku dan peduli sekali denganku. *Alles goed? (everything's fine?), do you like working here?, moe? (tired?), don't forget to eat first before serving.* :) Bahkan, ada kakek-nenek yang berbahasa Belanda pun kadang mengajakku mengobrol sambil menggenggam tanganku. Aku cuma tertawa saja, *nggak ngerti* mereka *ngomong* apa, *hehehe*...

Ada juga seorang kakek uzur yang ternyata orang Indonesia. Dia sudah lama sekali tinggal di Belanda (*ngomongnya aja sudah* campur sari), dan terkadang istrinya yang orang Belanda memanggilku hanya untuk mengajakku bicara dengan suaminya tentang Indonesia. Bapak tua itu kangen sekali dengan Indonesia, tapi sudah tidak boleh terbang ke Indonesia karena kondisi kesehatannya. Dia betah sekali mengobrol denganku. Tapi aku jadi tidak enak karena harus meninggalkan pekerjaanku. Masa teman-teman kerja keras di dapur, sementara aku justru menemani tamu mengobrol? Serbasalah. Selain itu, pernah juga aku diundang makan bersama seorang dokter yang bertugas di situ. Ternyata si Pak Dokter itu orang Indonesia juga, tapi sudah jadi warga negara Belanda. Wah, hebat, ya, orang Indonesia!

Kalau disuruh bercerita tentang tamu-tamu yang ada di kapal ini, hatiku kadang tersentuh melihat mereka yang sudah tua—dipapah atau didorong dengan kursi roda, atau ada juga yang hanya bisa tiduran di tempat tidurnya. Ada juga yang duduk di kursi rodanya sambil masih memakai slang oksigen. Ah, betapa berharganya hidup sehat dan segar, muda seperti ini. Namun, bayangan bahwa suatu saat nanti mungkin saja orangtua atau bahkan diri kita sendiri yang akan menjadi seperti mereka—tak berdaya tanpa bantuan orang lain, membuatku sempat bersedih.

Sebelum nekat menjadi relawan di Kapal Kemanusiaan *Henry Dunant* ini, sudah beberapa kali aku menjalani kegiatan kerelawanan. Aku pernah tinggal hampir sebulan di Aceh pasca-tsunami saat menjadi relawan MER-C Indonesia. Sebuah pengalaman yang sangat menyentuh, sekaligus memberi pengayaan spiritual. Bertemu dengan orang-orang yang menangisi hidup mereka yang selamat, karena harus kehilangan sanak saudara lain, lalu menjadi sebatang kara. Kemudian, menyaksikan juga bagaimana banyak bangunan masjid menjadi satu-satunya bangunan yang bertahan di antara puing-puing bangunan yang hancur rata dengan tanah telah menjadi pemandangan yang kian menguatkan imanku. Nah, ketika aku mendapat kesempatan menjadi relawan di kapal *Henry Dunant*, bisa bertemu dengan orang-orang tua (sebagian besar dari mereka banyak yang sudah pikun) yang masih gigih berjuang meneruskan sisa usia tanpa dampingan dari keluarga, mereka yang tak berdaya tanpa bantuan orang di sekitarnya, juga sungguh memberikan pengalaman batin dan hikmah kehidupan yang dalam.

Para penumpang kapal *Henry Dunant*.

Ah, daripada menangis terharu, tiba-tiba pandangan mataku menabrak sosok itu. Hei, itu, kan, cowok yang kemarin aku lihat sedang membersihkan kapal. *Ya oloo*, ternyata dia bukan tukang bersih-bersih, melainkan salah satu *crew* kapal. Uh, kerennya! Apalagi kalau dia memakai seragam Popeye-nya! (*ehem*, sori, ya, *nggak* di-*upload* fotonya. Yang ini khusus untuk konsumsi pribadi.) Lumayan, ada yang bikin semangat *mejeng* di restoran, *hehehe...*

Rutinitas di restoran ini biasanya adalah melayani sarapan yang berlangsung hingga sekitar jam 10, lalu dilanjutkan dengan evaluasi tim restoran bersama kepala *chef*. Aku anak bawang saja, soalnya mereka rapat dalam bahasa Belanda. Baru terakhir kepala *chef* akan menanyaiku tentang menu untuk malam itu, dan biasanya akan mencatat dietku. Misalnya, *no pork, no beef,* atau *fish only*. Setelah itu, aku bisa istirahat sebentar sambil melihat-lihat pemandangan sungai yang indah. Kapan lagi bisa melihat daerah sungai, rumah-rumah asri yang berjajar di sebelah sungai. *Uhh*...keren! Satu hal yang yang pasti, daerah itu tidak akan terlihat ketika kita berjalan-jalan naik kereta atau bus. Kapan lagi bisa menyusuri bawah jembatan Rotterdam yang unik. Pemandangannya asyik sekali! Sayangnya waktu istirahat tidak terlalu lama. Aku harus segera kembali bekerja dan bersiap untuk melayani tamu makan siang.

Menu makan siang orang Belanda tidak berbeda jauh dengan menu sarapan paginya, roti-roti juga. Paling-paling hanya ditambah dengan sup atau sosis. Itu yang membuatku stres. Aku lapar, Saudara-saudara!!! Tapi, ya, *nggak* ada apa-apa untuk makan siang. Terkadang, aku sampai mengambil jatah telur rebus dobel saat sarapan untuk kumakan lagi pada waktu makan siang. Tahu sendiri perut orang Indonesia, bukan? Belum kenyang kalau belum makan nasi. Kalau makan roti terus rasanya mual. Selama 6 hari pelayaran itu, aku "kerotian" alias kebanyakan makan roti, akibat tidak melihat sebutir nasi pun. *Hiks*, kangen nasi...

Oh ya, balik ke cerita soal kesibukan kerja. Sekitar jam 2, pekerjaan di restoran selesai. Saat itulah aku baru bisa beristirahat di dalam kabin. Biasanya, waktu istirahat itu kuisi dengan tidur siang. Mempersiapkan badan untuk kerja yang paling berat, yaitu saat *dinner*. Kalau tidak terlalu capai, aku bisa ikut penumpang yang turun ke daratan, berjalan-jalan di daerah tepian sungai yang indah. Sekadar untuk melepas penat. Eh, pernah aku tak sengaja melihat *stand* snek Asia. Aku *senenggg banget*! Akhirnya bisa *nemu* makanan *ndeso*. Waktu itu aku membeli *shrimp lumpia. Hmm*, rasanya *yummyy banget*!!

Jalan-jalan ke daratan saat malam hari.

Refreshing di sore hari.

Priiiittt! Kalau sudah jam 5 tepat, itu berarti aku harus cepat-cepat kembali ke restoran untuk bekerja menyiapkan makan malam yang biasanya diisi dengan makanan-makanan ala Italia, Belanda, atau negara Eropa lainnya. Aktivitasnya jauh lebih rumit, mulai dari menata meja hingga mengepel dapur, mengeluarkan makanan berkali-kali. Tahu sendiri *dinner*-nya bule bagaimana, mulai dari *appetizer* keluar hingga sampai ke *dessert* itu bisa berjam-jam. Semua itu baru selesai jam 10 malam. Setelah itu, biasanya aku "pingsan" di kamar. Benar-benar kerja rodi!

Look what we served!

Farewell party, yeaa!

Pekerjaannya memang berat, sih. Tapi aku menikmati kebersamaan kami sesama anggota tim. Orang-orang di kapal itu juga kemudian menjadi sangat ramah padaku. Pada malam perpisahan, kami bernyanyi dan *dance* bersama. Aku perhatikan orang-orang tua ini dengan cermat. Mereka semua tertawa bahagia, baik yang di atas kursi roda atau yang hanya bisa menggeletak tidur di atas tempat tidur. Aku merasa senang sekali menjadi bagian dari perayaan malam itu. Ulang tahunku sudah kulewatkan dengan pengalaman yang super istimewa.

Aku sedang duduk santai menikmati suasana, tiba-tiba seseorang berjongkok di sampingku. *Aiihh*, ternyata dia si Popeye yang ganteng. Dia bertanya dengan wajah penasaran, *bagaimana kamu bisa ada di sini? Whew*! Jadi *klepek-klepek* rasanya mendengar itu. Kami lantas terlibat obrolan seru. Dia bahkan mentraktirku minum. Dan yang terakhir, kami *dance* bersama semua orang di situ. *Ahhh*, benar-benar malam penutup yang indah! Seolah jadi Cinderella rasanya, dari upik abu berubah menjadi sang Putri. *Uhuuii*... :D

REPUBLIK CZECH

Co můžeš udělat dnes, neodkládej na zítřek.

Jangan menunggu hingga besok apa yang bisa kamu kerjakan hari ini.

Sumber: http://en.wikiquote.org/wiki/Czech_proverbs

Prahara di Kota Praha

Apa sih yang menarik dari Praha? Tidak seperti namanya yang terdengar gonjang-ganjing, kota ini disebut-sebut sebagai salah satu kota tercantik di dunia! Ah, masa iya?

Demi membuktikan hal tersebut, aku dan Yecong—aku menggelarinya *my travel buddy,* saking seringnya dia ikut jalan bersamaku—mengunjungi Praha setelah musim dingin tahun 2011. Perjalanan dengan bus Eurolines dari Den Haag memakan waktu sekitar satu malam. Aku suka perjalanan dengan bus, tidak ribet dengan pemeriksaan yang berkali-kali seperti kalau naik pesawat. Yecong lebih suka naik pesawat karena dia tidak bisa tidur di dalam bus. Sementara, aku justru *enjoy* sekali di dalam bus.

Kota Praha.

Banyak hal yang biasanya kulakukan dalam perjalanan dengan bus. Sambil mendengarkan lagu dari ponsel, mengobrol lewat BBM, sambil menikmati pemandangan indah di luar. Apalagi yang bisa lebih baik? *Hehehe...*

Oh ya, *intermezzo* dulu, ya. Yecong saat itu sedang patah hati. Cintanya tak terbalas. Berniat menghiburnya, kupinjamkan *earphone*-ku dan keperdengarkan sebuah lagu dari grup band Indonesia, Geisha, untuknya. *Sungguh aku tak bisa, sampai kapan pun tak bisa... Membenci dirimu, sesungguhnya aku tak mampu. Sulit untuk kubisa, sangat sulit ku tak bisa, memisahkan segala cinta dan benci yang kurasa...* Dan ternyata, hal itu bukan mengobati luka hatinya, malah membuatnya *mewek, hahaha*...

Melewati Jerman, kami memasuki Republik Czech ketika menjelang pagi. Bus berhenti cukup lama. Aku menatap ke bawah melalui jendela. Ada mobil polisi, beberapa polisi, dan beberapa ekor anjing. Prahara pun dimulai. Sopir dan polisinya berbincang cukup lama. Hingga hampir bosan aku mencuri pandang ke arah polisi-polisi yang penampilannya lumayan ganteng-ganteng itu. Kemudian, seorang polisi naik ke dalam bus dan berteriak, membangunkan semua yang tertidur. *Silakan turun! Turun!! Bawa barang bawaan semuanya!*

Duh, ada apa ini, pikirku. Dengan membawa gembolan-gembolanku, aku dan Yecong pun turun. Berbaris bersama dengan penumpang lainnya. Yang ada di dalam pikiranku saat ini persis seperti adegan di dalam film-film jaman Nazi. Barisan penumpang dengan wajah ketakutan saat akan diperiksa tentara-tentara di perbatasan.

GUK-GUK..! GUK!! Seekor anjing putih besar mendekat dan mengendusi tas bawaan kami. Ia juga mengendusi kami dari jauh. Nihil. Tidak ada apa-apa yang ditemukan. Polisi-polisi itu tampak kebingungan dan berbicara satu sama lain. Kami cukup lama menunggu. Tidak berapa lama, sebuah mobil polisi datang lagi. Seekor anjing hitam besar keluar. Ia mendekat dengan sorot matanya yang tajam, setajam silet.

Wah wah, rasanya aku pengin lari. Toloonngg... Aku *nggak* bawa narkoba. Aku juga bukan copet, tapi kenapa anjing sebesar macan ini mengendus-ngendus tasku, badanku, dan yang paling tidak nyaman adalah dia mengendus tanganku sampai basah. *Hiiyyy*, geli! Duh, kakiku mendadak lemas. Pengin lari tapi nanti dikira penjahat, hiks! Kupikir-pikir, mestinya pekerjaan polisi ini harus bisa *girl-friendly*. Coba, deh, jenis anjing pelacak diganti saja dari herder menjadi anjing pudel, biar lucu, hehehe.

Fweewh...! Setelah mengalami ujian *fear factor* tersebut, siang harinya, kami tiba di hostel. Setelah istirahat sejenak, membersihkan diri, dan mencuci tangan dengan tanah (yang ini hiperbola!), sorenya kami mulai gentayangan. Yang pertama kami datangi tentu saja Old Town Square, semua orang yang datang ke kota Praha tentu akan mendatangi tempat ini untuk melihat Gereja Tyn yang megah—peninggalan dari masa lalu, dan Jam Astronomi yang terkenal. Yang spesial dari jam astronomi adalah jam ini akan berdentang sesuai jumlah angka pada jarum panjang. Misalnya, saat ini menunjukkan pukul 3, jam tersebut akan berdentang sebanyak 3 kali. Itu mungkin terdengar biasa, ya, jam dinding di rumah kakek kita juga akan melakukan hal itu. Tapi, kemudian akan ada patung boneka yang akan keluar bergantian dari bagian jendela yang terbuka. *Aihh*, lucunya! Dan setelah patung boneka itu hilir mudik, kemudian di puncak menara akan muncul seorang tokoh berpakaian khas yang meniupkan terompet dari dua sisi menara. *Teett teeett teeett!!!* Ratusan orang yang berkumpul di bawah menara setiap angka pada jam akan bertepuk tangan setelah si peniup terompet selesai meniupkan terompetnya. Prosesi selama kurang lebih 5 menit itu merupakan ritual yang sangat ditunggu-tunggu oleh wisatawan.

Ada tukang terompet pada setiap dentang waktu jam.

Tujuan wisata berikutnya adalah menuju Charles Bridge. Tempat ini bisa dicapai dengan berjalan kaki sekitar 10-15 menit dari Old Town Square. Jembatan Charles ini sangat terkenal karena keindahan arsitektur yang ada di kanan-kiri jembatan, lengkap dengan sungai yang besar mengalir dengan indah di bawahnya dan kapal-kapal wisata yang hilir mudik. Memanfaatkan rombongan

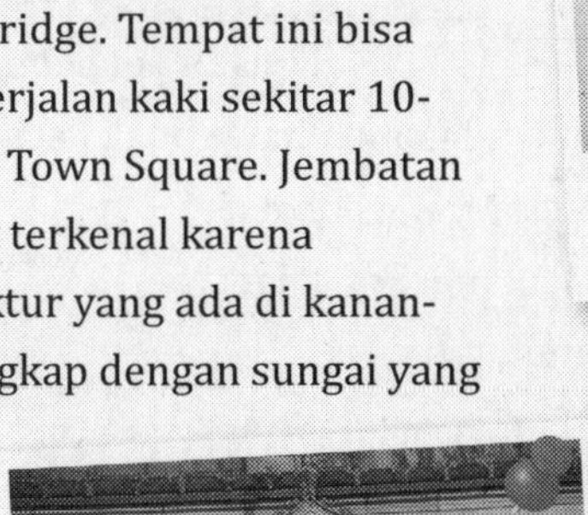

Ada boneka yang muncul dari jendela yang terbuka.

Jam astronomi.

turis yang banyak melewati jembatan ini, tampak beberapa penjual-penjual suvenir, pelukis karikatur, bahkan pengemis, semuanya aktif berburu rezeki di atas jembatan ini.

Jembatan Charles dengan Pemandangan Kafka Museum.

Ada yang unik dari pengemis di Praha atau Prague ini. Mereka sering duduk sambil menundukkan kepala dengan posisi bersujud, memegang topi di depan kepala untuk menadah uang recehan pemberian donatur. Bedanya dengan pengemis di Jakarta adalah mereka tidak membawa anak kecil, tapi malah membawa anjing yang dengan setia menemani mereka dalam balutan selimut.

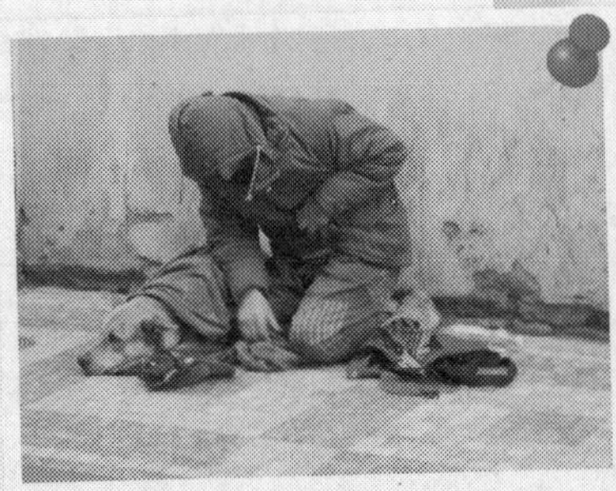

Tunawisma dan anjingnya.

Hal unik lain dari kota Prague ini tentu saja kucing yang menjadi ikon di mana-mana. Suvenir khas kota ini menawarkan kucing dalam segala bentuk, mulai dari bahan seperti kristal, kaca, kayu, mainan anak, jam, lukisan, kaus, semuanya. *And the good news is, I am a cat lover!* Jadi, saya *senengg banget!* Aku bahkan membeli beberapa ekor kucing. :p Satu yang terbuat dari kaca, satu terbuat dari kayu, dua ada di jam dinding kecil, dan dua ada di dalam dua lukisan berbeda. Sebenarnya masih ingin membeli lebih banyak lagi, sayangnya mereka menjual suvenir-suvenir ini dengan harga yang cukup mahal. Berat untuk kantong mahasiswa. Satu ekor kucing kecilku yang terbuat dari kaca harganya 8 euro, atau sekitar 100 ribuan. Tapi, hal yang paling unik dari yang terunik selama perjalanan di kota ini, aku tidak melihat satu ekor pun kucing asli di kota Prague ini!

Salah satu suvenir "berbau" kucing.

Tujuan selanjutnya, Karlsteijn. Tempat yang lebih menarik menurutku. Lokasinya 30 km ke arah selatan kota Prague. Kami menuju Karlsteijn dengan membeli tiket kereta api yang cukup murah, 3 euro untuk perjalanan pulang-pergi. Perjalanan memakan waktu hampir 1 jam, atau sekitar 1 hari memakai kuda. Di Karlsteijn ini ada sebuah kastil yang indah di atas bukit. Kastil ini merupakan kastil paling terkenal dan paling sering dikunjungi di Czech. Menurut situs turisme Republik Czech, kastil yang merupakan benteng pertahanan Kerajaan Czech di masa lalu ini, didirikan oleh Raja Charles IV pada tahun 1348. Terdiri atas 3 bagian, bagian dasar bangunan kastil ini adalah tempat tinggal raja, istri, dan kerabatnya. Kemudian, lantai di atasnya dipakai sebagai gereja yang dinamai Church of Our Lady, dengan sebuah ruangan khusus milik Raja yang terhubung dengan gereja tersebut. Sedangkan di lantai paling atas, yang juga merupakan menara kastil, adalah sebuah kapel, tempat sakral yang

Jalanan berkelok-kelok menuju bukit.

Membuat *pancake* bersama mas ganteng.

Keindahan kastil dari kaki bukit.

Mejeng di area kastil.

paling besar berbentuk prisma, bernama Chapel of the Holy Cross.

Sebelum sampai ke kastil, kami sempat menikmati *pancake* pisang cokelat yang enak di jalan menuju puncak bukit. Kami bahkan berkesempatan membuat sendiri *pancake*-nya. Benar-benar momen yang luar biasa! Bermandikan cahaya matahari yang hangat, udara segar nan sejuk dengan pemandangan yang indah di depan mata, sambil menikmati *pancake, aahhh*...! Ada kastil megah di atas bukit, ada mas penjual *pancake* yang wajahnya ganteng seperti artis, *what a super duper lovely day*!

Setelah puas menghabiskan hari di kastil, kami kembali ke kota Prague. Oh ya, ada yang unik juga di Prague ini, untuk pertama kali aku melihat bahwa papan penanda toilet ada di mana-mana. Di tengah jalan dibuat penanda arah menuju toilet, layaknya arah penunjuk jalan. Begitu juga di dalam kastil Karlsteijn, tulisan arah menuju toilet dibuat besar-besar, mengalahkan semua informasi lain. Hal ini menunjukkan begitu pentingnya keberadaan toilet bagi orang di sana. Sebagai seorang "kebeleter" (alias orang yang sering kebelet buang air kecil), aku merasa sangat dihargai, *hehehe*...

Penunjuk arah menuju toilet, dilengkapi dengan keterangan jarak tempuhnya.

Temans, di kota yang berbahasa tanpa petunjuk ini, memang agak sulit mendapatkan info kalau tidak bertemu orang yang bisa berbahasa Inggris. Namun, soal info mengenai jalan tidak terlalu bermasalah karena peta yang disediakan cukup akurat. Dan yang lebih memudahkan, penanda nama jalan tersedia di setiap sisi jalan. Tidak rawan *nyasar* karena nama jalannya relatif mudah ditemukan dan semua tercantum di dalam peta. Sangat membantu untuk orang dengan kecerdasan spasialnya yang kurang sepertiku.

Eh *guys*, pernah melihat sinagoge, tidak? Sinagoge itu bukan nama marga di Batak, ya. Itu, sih, Siregar. Saat berjalan kaki menuju stasiun kereta utama, kami menemukan sinagoge, tempat ibadah orang Yahudi. Bangunannya megah tapi terkesan tertutup dan dijaga polisi, kesannya jadi agak seram. Kita hanya bisa menikmati arsitektur bangunannya dari luar. Lihat, deh, bintang Daudnya ada di mana-mana! Mulai dari pola batu blok di depan bangunan, hiasan di atas jendela, tanda besar di bagian tengah atas bangunan, hingga di puncak menara. Mungkin kalian ada yang bertanya, apa, sih, bintang Daud itu? Bintang Daud adalah bintang heksagram hasil penggabungan dua segitiga sama sisi, yang menjadi simbol yudaisme dan identitas Yahudi, seperti layaknya simbol bulan dan bintang dalam agama Islam.

Sinagoge di Kota Praha.

Berjalan-jalan di negara baru mesti berhati-hati. Di Praha, sering kualami orang menawarkan diri untuk membantu memotret kita. Tapi aku tidak pernah mau. Gila saja kalau sedang asyik-asyiknya bergaya lalu kamera DSLR kesayangan dibawa lari, *hiiyy*! Nah, ada suatu kejadian di sebuah bukit di Praha di mana seorang pemuda yang lumayan *cute* memaksa menawarkan untuk memotretku dan temanku. Aku sudah tolak bolak-balik. *Nggak usah, Mas, biar temanku saja yang motret aku*, kataku. Mulailah aku bergaya dengan teropong untuk melihat ke bawah bukit, dan temanku pun sudah bersiap akan memotretku. Eh, rupanya si mas tadi justru ingin ikut berfoto bareng aku. Ya sudah, daripada dia *nangis*, aku iyakan saja saat dia berdiri di sampingku (wah, susah juga kalau punya fans begini!). Temanku mulai memberi aba-aba, *onee*... aku *smile* lebar, *twoo*..eehh, ya ampun... kenal juga *nggak* tapi cowok ini langsung pakai acara bersandar padaku. *Klik*!!

Duh, fans beratku ini!

PS.

1. Jangan melewatkan Praha kalau diberi kesempatan berjalan-jalan ke Eropa Timur.
2. Berhati-hatilah dengan barang bawaan Anda. Jangan sampai tertinggal, apalagi berpindah tangan (lho, kok jadi seperti pesan pengamen di dalam bus kota?)
3. Titip salam untuk mas penjual *pancake,* ya, kalau kamu nanti ke Karlsteijn!

AUSTRIA

A light is still a light—even though the blind man cannot see it. Cahaya tetaplah cahaya, meskipun orang buta tidak dapat melihatnya.

Sumber: http://www.historyofpainters.com/austrian_proverbs.htm

Orkestra Ala Mozart di Vienna

Vienna atau Wina. Ibukota Negara Austria ini memang menarik untuk didatangi. Aku dan Yecong menginap satu malam di kota itu, menjadikannya persinggahanku dari Praha menuju Budapest. Kami menginap di sebuah hostel terbaik versi buku *traveling* yang aku lupa judulnya. Hostel tersebut mendesain kamar-kamarnya layaknya sebuah rumah biasa dengan area di bagian tengahnya sebagai ruang keluarga. Sarapan, minum teh, kopi, makan buah, semua bebas dilakukan tanpa biaya tambahan. Kamar-kamarnya sedikit, tapi setiap kamar mempunyai jumlah tempat tidur yang banyak. Aku *nggak* mau promosi hostel, ya, jadi lupakan saja nama hostelnya (padahal memang *beneran* lupa, *haha!*). Intinya, kami cukup menikmati hostel tersebut.

Berjalan-jalan di pusat kota Vienna ini tidak henti-hentinya mengundang decak kagum. Bukan karena manusianya yang cantik dan ganteng seperti di Spanyol, tapi karena bangunan di Vienna ini benar-benar *guueede bangett.* Mungkin kata yang tepat untuk mendeskripsikannya adalah MEGAH. Reaksiku ketika melihat bangunan-bangunan super besar itu adalah tak habis pikir, *kok bisa, ya. orang-orang Austria ini di masa lalu begini kaya.* Apa karena mereka punya kerajaan? *Lha*, kita juga, kan, dulu punya kerajaan. Ada Singosari, Majapahit, tapi kok *nggak* megah kayak mereka, ya?

Patung saja tampak megah *banget*.

Di kota ini aku belajar tentang kerajaan besar di masa lalu. Saat berkunjung ke Istana Schönbrunn, misalnya, kami benar-benar berada di dalam kediaman raja dan ratu yang terkenal di dunia pada saat itu. Aku baru tahu kalau ada ratu yang terkenal paling cantik di dunia selain Lady Diana, yaitu Ratu Elisabeth alias Ratu Sisi.

Salah satu bangunan megah di Vienna.

Saat tur di dalam istana tersebut, kami seakan-akan melihat peristiwa di masa lampau. Bagaimana tampilan kamar Ratu Sisi dan Raja Franz Joseph, bagaimana bentuk ruang makannya, bagaimana suasana ruang bersantainya, bagaimana *bathub*-nya. Semua itu masih terjaga dengan baik. Di ruangan khusus berdandan milik sang Ratu, masih tersimpan lengkap semua peralatan yang pernah dipakainya. Ada sisir, cermin, bahkan ada timbangan badannya! Memang luar biasa si Ratu ini. Pada zaman itu rupanya ia sudah melakukan kegiatan yang wajib dilakukan oleh perempuan di seluruh dunia pada masa kini, yakni menimbang berat badan. :p

Selain istana, bangunan-bangunan lain yang ada di kota ini juga megah dan luas. Tidak cuma bangunan-bangunannya yang sebesar istana, tamannya juga luas-luas. Taman yang ada di dekat kediaman Ratu Sisi, misalnya. Hijau dan luas sekali. Saat kami ke sana pada musim semi, udara dan hangat matahari sangat nyaman, sehingga taman itu penuh dengan manusia dan hewan yang sedang beraktivitas. Banyak sekali keluarga yang bermain bersama anak-anak kecilnya atau membawa anjingnya, pasangan-pasangan muda yang bermesraan di sana-sini, remaja dan dewasa sedang bermain frisbi, mahasiswa saling berdiskusi, bahkan anjing yang sedang berduaan. Luar biasa!

Narsis dulu, *ye!* :p

Tempat paling asyik untuk bersantai dan bermalas-malasan.

Kami tentunya tak ingin melewatkan kesempatan berleha-leha di taman kerajaan yang hebat ini. Aku tidur-tiduran sambil memotret. Rasanya bahagia sekali bisa tidur-tiduran di taman seluas itu dan memperhatikan wajah-wajah bahagia yang ada di sekitarku. Eh, si Yecong malah benar-benar tertidur, lho!

Akhirnya Yecong terbangun saat sore tiba. Kami buru-buru bangun karena ingin membeli tiket musik di luar gerbang. Malang, kami hampir kelewatan atraksi orkestra musik dan opera yang dimainkan dengan pakaian tradisional seperti di zaman Mozart—bahkan tempat pentasnya juga di dalam sebuah bangunan tempat Mozart pernah melakukan pertunjukan. Ketika kami hendak menemui penjual-penjual tiket yang biasanya ada di pintu gerbang, mereka sudah *nggak* ada, sudah bubar!

Waduh, waktu itu kami frustrasi sekali. Jauh-jauh datang ke Vienna mau menyaksikan opera, sekali-kalinya seumur hidup! Kalau ke Austria tanpa menonton musik klasik rasanya tidak sah! Benar, deh, mau menonton di mana lagi konser seperti itu? Mungkin saja mereka melakukan pertunjukan seperti itu di Indonesia, tapi *feel*-nya itu, lho. Beda! *Nggak* terasa sama kalau menonton di Indonesia. Berada di ruangan yang pernah dipakai Mozart melakukan pertunjukan pasti rasanya sedap-sedap gimana*, gitu*...

Kami hilir mudik mencari ke sana kemari, berharap menemukan tempat di mana konser akan dilakukan. Meskipun sudah berputar-putar di dalam kompleks itu, kami tidak menyerah. Kami tetap berjalan, mencari, bertanya pada orang-orang, hingga akhirnya kami menemukan tempatnya, tempat di mana konser akan dilakukan. Kami langsung menyerbu masuk dan membeli tiket—yang untungnya masih tersedia, *hufftt*...! Seketika itu juga hati kami langsung berbunga-bunga. Meski harus membayar mahal untuk pertunjukan ini—kalau tidak salah sekitar 36 euro atau sekitar 400 ribu lebih, mahal *banget* untuk kantong pelajar seperti kami ini. Tapi daripada pulang tanpa pengalaman menonton, lebih rugi lagi.

Setelah membeli tiket, kami pun dipersilakan masuk. *Uhuyy*... Aku sudah membayangkan akan masuk ke sebuah ruangan orkestra yang megah, yang bernuansa merah dengan sinar cahaya lampu menerangi pemain di atas panggung spektakuler (tanpa lampu spot *Indonesian Idol*, ya!). Sambil mengikhlaskan kepergian uang 36 euro, kami mulai memasuki ruangan itu.

Eng ing eng...

Gubragg! Kami kira ruangannya akan sangat besar seperti yang ada di televisi. Ternyata, ya ampun, cuma *seuprit*! Ukurannya paling hanya 4 meter x 5 meter, dengan kursi-kursi yang disusun rapat. *Wheww*, langsung introspeksi diri deh! Tahu diri, dong, ini hanya orkestra biasa, bukan yang dilakukan oleh musisi terkenal dunia. Kalau kamu berkocek tebal, bisa deh menonton orkestra yang lebih manusiawi, di dalam ruangan yang besar dan megah. Namun, kalau sadar diri hanya mampu menonton orkestra yang KW sekian, berarti harus pasrah menonton pertunjukan seperti ini dalam ruangan kecil.

Kami kemudian dipersilakan menempati tempat duduk sesuai dengan klasifikasi tiket VIP, kelas I, kelas II, dan seterusnya. Yang kelasnya makin besar angkanya tentu saja duduk paling belakang. Aku dan Yecong mendapat tempat di barisan tengah, tapi masing-masing di bagian *aisle*, jadi kami dapat melihat dengan jelas ke arah panggung yang cuma beberapa sentimeter lebih tinggi daripada ketinggian lantai. Lumayan lah!

Brosur konser.

Aku perhatikan ruangan itu dengan cermat. Memang harus kuakui, atmosfer *jadul*nya masih terjaga dengan baik. Ada lampu kristal besar di bagian plafon ruang, ada tirai beludru dengan cermin besar yang jelas terlihat pada ruangan tersebut. Beberapa lukisan foto orang-orang yang tersohor pada masa itu yang berkaitan dengan ruang pertunjukan itu juga dipajang didinding sehingga semua penonton bisa mengamati. Asal tahu saja, wajah orang-orang di dalam lukisan itu bentuk mukanya setipe seperti Mozart potongannya.

Coba perhatikan ruangannya, bukan yang sedang baca brosur, ya!

Setelah beberapa menit para pengatur merapikan barisan penonton yang mulai tampak penuh, pemain-pemain musik mulai masuk dengan kostum *jadul* yang membawa suasana ke zaman Mozart dulu. Penonton mulai bertepuk tangan meriah.

Ngek, ngok, ngeekk...

Keren, *euy*, mainnya!

Suara gesekan biola yang dimainkan seorang remaja perempuan cantik dan seksi, dibantu dua pemain biola yang juga bermain sangat andal, menciptakan keheningan di dalam ruangan, menghipnotis perhatian penuh penonton ke arah panggung. Permainannya bagus sekali, penonton terhanyut pada iramanya yang menggoda... (lho, perasaan berubah jadi lagu dangdut, ya?). Kemudian, sepasang penari balet mendemonstrasikan kehebatan mereka menari lompat sana lompat sini dengan indah—sambil berharap mudah-mudahan kaki mereka *nggak* keseleo. Pemain-pemain musik itu saling bersahut-sahutan memainkan alat musiknya. Indah sekali memang permainan mereka. Ya, *nggak* rugi, deh, bayar mahal. Nah, yang paling heboh adalah ketika si penyanyi opera masuk. Ini dia yang ditunggu! Seorang ibu bertubuh tinggi dan montok, bibirnya agak *dower*—dan kalau sedang terbuka jadi tampak lebar sekali. Aku takjub mendengar suara yang baru sekali ini kudengar. Betapa uniknya karena ada orang yang bisa bernyanyi seperti itu.

Ho ho ho... nguaaaaaAAAAAAAAAAAAAA............

Si Penyanyi Opera.

Dengan suaranya yang kurasa lebih dari 8 oktaf itu, aku tiba-tiba merasa harus pegangan pada sesuatu karena ruangan itu seolah bergetar (*lebay*, padahal cuma gendang telingaku yang bergetar). Tapi sumpah, deh, ibu itu suaranya dahsyat banget! Tidak hanya tinggi, tapi juga *panjaaannggg* dan *laaamaaa*... Jujur saja, kalau bisa aku pengin melakukan satu hal selain merekam penampilannya di ponsel, yaitu angkat tangan tanda menyerah atau tutup kuping. Tapi, berhubung *nggak* enak dengan penonton lain—apalagi kalau sampai ketahuan oleh penyanyinya, aku mengurungkan niat muliaku itu sambil melindungi gendang telingaku dari suara ribuan desibel.

Ketakjubanku tak berhenti di situ. Ada yang lebih parah. Saat aku meringis menahan gempa di telingaku, kulihat penonton di arah jam 10. Ada seorang bapak berbadan gemuk dan berasal dari Australia yang datang dengan istri dan teman-temannya. Kulihat dia sedang duduk dengan tenang. Aku terpaku karena ternyata dia sedang... TIDURRRR!!! Ohh, Tuhaannn, bagaimana mungkinnn??!

AUSTRIA

Nothing ventured, nothing gained.
Kalau tidak berani mencoba,
tidak akan mendapat sesuatu.

Sumber: http://www.historyofpainters.com/austrian_proverbs.htm

Ratu Si...Si...Siapa?

Saat sedang *traveling*, kita sebenarnya tidak hanya sekadar mengagumi indahnya ciptaan manusia dan Tuhan. Ada fragmen yang sebenarnya sangat menarik untuk dicermati, yaitu sejarah. Sayang, dalam praktik di lapangan, kita (tepatnya aku) sering tidak menyempatkan diri untuk mempelajari sejarah sebelum mendatangi suatu tempat. Alhasil, ketika sampai di tempat tersebut, kita hanya berhasil melihat dan menangkap kesan, tanpa berhasil mendalami dan meresapi apa yang kita lihat.

Sebuah contoh menarik misalnya ketika aku mendatangi kota Vienna di Austria. *I have nearly no idea about Vienna at all.* Aku hanya tahu bahwa di sana memakai mata uang euro dan standar hidupnya lebih tinggi daripada Czech dan Hungaria. Tentang musik klasik? Pengetahuanku *ngepas*, dibilang tahu juga memalukan. Pada saat itu aku justru tidak tahu bahwa Mozart dan Strauss itu adalah seorang bintang di Vienna. Tentang dinasti Habsburg? Ratu Sisi? *Nothing. Not at all.* Nihil!

Aku yakin banyak dari pembaca buku ini juga tidak tahu mengenai dinasti paling penting di Eropa tersebut, atau tentang Ratu Sisi yang terkenal (ayo, *ngaku*!). Jujur, setelah berada di Vienna-lah baru aku *ngeh* tentang dinasti Habsburg, yang mungkin pernah kubaca entah di mana—tapi tidak melekat di otakku. Begitu juga kisah tentang Ratu Sisi yang menjadi ikon Austria karena hidupnya yang eksentrik sekaligus tragis.

Ratu Sisi adalah salah satu tokoh penting Austria. Banyak hal berkaitan dengan Ratu Sisi yang kemudian sengaja dikomersilkan untuk kepentingan pariwisata. Contohnya, koleksi perhiasannya yang dipamerkan di museum Ratu Sisi, rumah peristirahatannya di Hofburg, istana yang ditempatinya bersama sang suami—Raja Franz Joseph—di Schönbrunn, dan lain-lain.

Aku yang saat itu belum pernah mendengar sama sekali tentang Ratu Sisi hanya bisa terbengong-bengong dan terus bertanya pada Yecong. *Ratu Sisi siapa, sih? Masa begini saja dibilang cantik?* Yecong yang kebetulan *ngefans* berat pada tokoh ratu-ratu cantik di dunia, seperti Lady Diana, syukurnya tahu soal Ratu Sisi. Mungkin karena garis hidup mereka yang agak mirip. *Ratu Sisi ini terkenal sekali karena kecantikannya. Zaman dulu dia ini memang dianggap yang paling cantik*, jawab si Yecong

dengan semangat abad ke-17—meski penjelasannya belum tentu benar. Aku hanya bisa mengangguk-angguk tanda mengerti.

Yecong yang terobsesi dengan kehidupan ratu-ratu lalu mengajakku mengunjungi Istana Schönbrunn. Kami membayar cukup mahal untuk bisa masuk ke istana tersebut, kalau tidak salah di atas 100 ribu rupiah. Untuk bisa diizinkan masuk ke dalam istana, pengunjung dilarang memotret keadaan di dalam istana. Itu sebabnya aku tidak punya foto yang bisa kubagi. Aku tidak berani mencuri-curi memotret seperti yang kulakukan di Masjidil Haram dan Masjid Nabawi karena petugas keamanan berseliweran terus, bahkan mungkin kamera CCTV juga diperhatikan.

Istana Schonbrunn.

Saat masuk ke bagian dalam Istana Schönbrunn, aku melihat ruang pertemuan kerajaan yang superluas dengan lukisan mahaindah di langit-langitnya, ruangan makan yang mewah, dan ruang berdandan Ratu Sisi. Ih, ada sisir, ada bak mandi, ada timbangan badan juga. Komentarku saat itu hanyalah, "*Waahh...hebat, ya, zaman dulu sudah ada timbangan badan!* (benar-benar *nggak* mengerti bahwa ada cerita tragis di belakang itu).

Nah, demi memberikan pencerahan kepada para pembaca yang budiman, alangkah baiknya bila kuceritakan kisah tentang Ratu Sisi (*sstt*...pasti semua penasaran, kan?).

Siapa tahu nanti ada yang hendak berkunjung ke Austria, lebih baik sudah tahu dahulu kisah ini biar *nggak nyesel* seperti aku. *Nggak* enak *banget* rasanya masuk ke Istana Schönbrunn tanpa ada informasi awal tentang keluarga kerajaan yang termasyhur ini.

Jadi... aku ceritakan, ya! Pada zaman dahulu kala, hiduplah seorang putri kecil yang cantik, kalau istilah Raditya Dika si penulis teenlit itu, "unyu-unyu". Keluarganya berasal dari Bavaria, Jerman. Meski berasal dari keluarga bangsawan, namun karena sang ayah seorang *duke* yang mempunyai kegemaran yang rada aneh, yaitu pecinta sirkus dan mengunjungi pedesaan untuk menghindarkannya dari tugas-tugas, Sisi dan saudara-saudaranya dibesarkan secara santai, jauh dari lingkungan yang terstruktur dan mengekang. *Sstt*...bahkan katanya Sisi kecil ini gemar bolos belajar untuk bisa bersepeda ria. *Nggowes, yoww*..

Di tempat lain, di sebuah kerajaan paling berpengaruh di Eropa, Ratu Sophie yang dikenal diktator, ingin mengawinkan putranya yang berusia 23 tahun, Pangeran Franz Joseph. Dia ingin menikahkan putranya dengan keponakannya sendiri (supaya jelas asal usulnya dan mencegah orang asing masuk ke lingkungan-dalam kerajaan), yaitu anak tertua dari Princess Ludovika yang bernama Helena, yang ternyata adalah kakak dari Sisi. Helena yang berkarakter pendiam dan santun waktu itu berusia 18 tahun, sedangkan Sisi yang pemalu dan tertutup (tapi sebenarnya *rebellious*) masih berusia 15 tahun.

Keluarga dari Bavaria ini lantas diundang ke sebuah tempat di utara Austria untuk acara pelamaran. Putri

Sisi juga ikut dalam acara ini untuk menemani ibu dan kakaknya. Alkisah, pada saat itu mereka baru saja pulang dari acara melayat bibi yang meninggal sehingga berpakaian hitam-hitam. Malangnya, dalam perjalanan menuju acara pelamaran itu, orang yang bertugas menyiapkan pakaian untuk pertemuan penting itu tidak datang, hingga akhirnya mereka terpaksa menghadap keluarga kerajaan dengan baju hitam-hitam. Dalam balutan gaun hitam itu, kecantikan Putri Helena menjadi tak terlihat. Namun sebaliknya, Putri Sisi tampak begitu menarik dalam balutan gaun hitam.

Bak kisah Cinderella, pada saat pertemuan, sang Pangeran yang biasanya tenang dan penurut kepada ibunya ini malah jatuh cinta pada si *unyu* Sisi. Saking tergila-gilanya dengan pesona Putri Sisi, dengan gagah berani dia membantah keinginan ibunya. Pangeran akhirnya bersuara, dia memberi ultimatum kepada ibunya, *Wahai Ibu, selama ini aku selalu menuruti kata-katamu. Tapi kali ini perkenankanlah aku menyampaikan bahwa aku tidak menyukai Putri Helena. Aku jatuh cinta pada adiknya. Kalau kau tidak mengizinkan aku menikahi Putri Sisi, lebih baik aku tidak menikah seumur hidup!* (luar biasa sikap sang Pangeran ini, persis seperti tontonan di sinetron saja!).

Tidak rela anaknya tidak menikah seumur hidup atau mungkin menjadi gay, Ratu Sophie terpaksa menuruti keinginan putranya (supaya lebih mudah, coba bayangkanlah tokoh Ratu Sophie di sini seperti peran Leli Sagita, pemeran ibu mertua paling jahat sedunia versi sinetron). Beberapa bulan kemudian, pernikahan

Pangeran dengan Putri Sisi dilangsungkan di Vienna, meski sebenarnya Ratu Sophie kurang suka dengan Putri Sisi yang dianggapnya terlalu *childish*. Wajar saja, anak di bawah umur gitu lho!

Setelah menikah, hidup Putri Sisi berubah. Dia yang dibesarkan dalam lingkungan informal dan tidak terstruktur, tiba-tiba harus hidup di bawah protokol istana yang membatasi segala geraknya. Apalagi dengan dominasi sang ibu mertua yang galak, Putri Sisi menjadi tertekan. Ia melahirkan cepat setelah pernikahannya, seorang bayi perempuan. Si ibu mertua mengambil hak asuh anak itu karena menganggap Putri Sisi masih belum mengerti cara membesarkan bayi. Tak hanya menjauhkannya dari Putri Sisi, si ibu mertua ini juga menamai bayi mungil itu sesuai namanya—jadilah bayi itu bernama Putri Sophie juga (*gubrag banget*, kan?). Putri Sisi tambah tertekan. Begitu juga ketika bayi kedua lahir, yang lagi-lagi adalah seorang bayi cantik, si ibu mertua memarahinya karena tidak melahirkan anak laki-laki sebagai penerus kerajaan.

Putri Sisi yang sebenarnya masih mencari jati diri semakin tertekan dengan hidupnya yang terkekang, dengan kewajiban-kewajiban dan etiket khusus yang memaksa hidupnya menjadi terbatas. Sementara dalam kenyataannya, ia belum siap menjadi ibu dan istri dari seorang calon raja. Ia ingin dihargai sebagai seorang perempuan yang bebas. Akhirnya, ia menemukan sesuatu yang ia pikir akan bisa membuatnya dihargai. Satu-satunya hal yang bisa ia kontrol dengan kekuasaannya sendiri, yaitu...*beauty and body image!*

Sejak saat itulah Putri Sisi menjadi terobsesi dengan bentuk tubuh yang super langsing. Dengan tinggi badan 172 sentimeter, ia tak pernah membiarkan berat badannya melewati angka 50 kilogram (bahkan setelah ia melahirkan keempat kalinya!). Ia bisa melakukan kegiatan menimbang badan sampai 3 kali dalam sehari! *Alamak*! Apalagi setelah kehilangan putri pertamanya yang masih kecil karena terkena penyakit, ia kian tenggelam dalam depresi dan melankolia. Ia sering menghindari makan. Bila angka timbangan badannya menunjukkan lebih dari 50 kilogram, dia akan puasa penuh sampai berat badannya turun. Dia juga rajin melakukan mandi uap untuk menjaga agar badannya tetap langsing.

Selain jarang makan, Putri Sisi juga disiplin menjalankan latihan-latihan dengan ekstrem, seperti *gym*, anggar, dan berkuda. Kemudian, untuk mengecilkan pinggang, dia bahkan memakai korset yang super duper ketat, hingga pinggangnya mengecil sekecil-kecilnya. Ada seseorang yang bahkan sampai mengatakan bahwa Putri Sisi itu *almost inhumanly slender!* Alias, langsingnya *nggak* manusiawi! Bayangkan saja, dengan tinggi 172 sentimeter, tercatat berat badan terendah yang dimiliki Sang Putri eksentrik ini adalah hanya 43,5 kilogram! *Plis* deh, Ratu, itu kan

Potret kecilnya ukuran pinggang Sang Ratu.

berat badan impian aku yang hanya punya tinggi satu setengah meter ini. ☹

Untuk menjaga agar bentuk badannya tetap kencang, Putri Sisi melakukan latihan-latihan keras yang di kemudian hari justru berakibat membawa penyakit karena latihan itu dilakukan secara berlebihan. Dia juga membiasakan mandi dengan air dingin setiap pagi—yang di kemudian hari justru memperparah penyakit arthritisnya, dan mandi dengan minyak zaitun di malam hari. Belum selesai sampai di situ saja. Untuk urusan rambut, ini juga tak kalah dahsyatnya. Putri Sisi mempunyai rambut yang sangat panjang, sehingga dibutuhkan waktu 2-3 jam per hari untuk menyisir dan menata rambutnya. Kalau mau melakukan perawatan sekali setiap dua minggu, misalnya mencuci rambut atau semacam *creambath*, semua agenda dan kewajiban yang lain harus ditunda. Ini menandakan betapa pentingnya *salon time* ini. Bahkan, saking panjangnya rambut itu, ia sendiri pun sering mengeluh sakit kepala karena berat membawa rambutnya!

Nah, sampai di sini bisa membayangkan betapa seharusnya aku bisa menikmati tur di Istana Schönbrunn kalau saja aku tahu bahwa itu adalah sisir yang digunakan penata rambut Ratu pada masa itu untuk menyisiri rambut Sang Ratu yang bermeter-meter panjangnya. Kalau saja aku tahu bahwa bak itu adalah tempat Ratu Sisi mandi. Kalau saja aku tahu itu timbangan yang dipakai oleh Ratu Sisi 3 kali sehari, persis seperti minum obat, dan bukan malah fokus ke pertanyaan, *eh, dulu ternyata sudah ada timbangan badan, ya!*

Seharusnya aku juga memperhatikan satu per satu potret Ratu Sisi yang dipajang di istana tersebut. Karena Ratu Sisi mungkin tidak mempunyai banyak potret. Pada usia 32 tahun, dia sudah tidak mau lagi membuat potret dan melarang pengambilan foto dirinya. Karena apa? Alasannya menohok aku dan kamu, orang-orang yang narsis difoto. Dia tidak ingin dipotret setelah umur 32 tahun karena ia hanya ingin menunjukkan kecantikannya saja. Ia ingin orang melihatnya sebagai *image* kecantikan yang abadi. Keberadaan beberapa potret setelah usia itu diambil tanpa sepengetahuannya. Orang-orang yang melihat hasil *candid* foto sang Ratu biasanya akan berkomentar, *"Dia seorang perempuan yang luar biasa cantik, tapi langsing (baca: kurus) banget!"*

Ratu Sisi yang dikabarkan sangat mencintai Hungaria sehingga dinobatkan sebagai *Queen of Hungary* ini menjalani kisah-kisah pahit dalam hidupnya. Tak hanya ketika Putri Sophie, anak pertamanya, meninggal, tapi juga ketika anak ketiganya, yang merupakan anak laki-laki satu-satunya bernama Pangeran Rudolf, mati bunuh diri pada usia 30 tahun. Setelah itu dia benar-benar tenggelam dalam depresi. Ia menjadi sakit-sakitan, hingga membuatnya sering meninggalkan keluarga dan tugas-tugasnya untuk beristirahat di tempat-tempat yang jauh dan disukainya, seperti di Budapest dan Pulau Corfu di Yunani. Setelah itu, ia masih sempat melahirkan anak keempat, yang diharapkan seorang anak laki-laki lagi sebagai calon raja cadangan, namun sayangnya ia melahirkan anak perempuan lagi, yang kali ini ia asuh sendiri.

Kebenciannya pada protokol kerajaan membawa hidupnya dalam bencana. Dalam sebuah kunjungan ke Geneva, Swiss, suatu hari saat ia berjalan-jalan dengan temannya, ia menolak pengawalan dari pihak Swiss. Ia ingin menikmati kebebasan sebebas-bebasnya. Namun malang, seorang pria Italia menikamnya dari belakang dengan sebuah kayu bermata runcing. Parahnya, karena diet dan latihan yang berlebihan, proses pembekuan darah Sang Ratu tidak berjalan dengan baik. Ia pun meninggal karena serangan itu. Austria dan negara-negara Eropa lainnya pun berkabung. Seorang Ratu Sisi yang terkenal cantik, dipandang *charitable* dan tidak pernah menyakiti orang lain terbunuh dalam sebuah serangan bermotif politik dan ideologi.

The End.

Hiks... tragis, ya, kisahnya! Itulah alasan kenapa aku menolak saat Prince William melamar aku sebelum Kate Middleton. Bukannya sombong, tapi aku khawatir tidak akan sanggup hidup bagai di sangkar emas (*hehehe*...yang ini 100% *ngaco* :p).

Tapi benar, lho, kisah tentang Ratu Sisi ini bukan karanganku. Wikipedia yang cerita begitu. Aku cuma membantu menerjemahkan menjadi bahasa yang membumi karena aku yakin hampir semua pembaca buku ini belum tahu detail tentang Ratu Sisi. Benar, kan?

Seandainya aku tahu cerita ini sebelum aku ke Vienna, pasti akan jauh lebih banyak kesan yang bisa kudapatkan. Dan akan semakin dalam pula informasi yang kuketahui tentang sejarah ini. *Uh*, kenapa penyesalan selalu datang terlambat, *nggak* pernah *on time*?

HUNGARIA

Segíts magadon, (és) az Isten is megsegít.
Tolonglah dirimu sendiri, lalu Tuhan akan menolongmu juga.

Sumber: http://en.wikiquote.org/wiki/Hungarian_proverbs

Mission in Budapest (1)

Setelah 5 hari berjalan-jalan di Praha dan Vienna, aku dan Yecong tiba di Budapest, ibukota Hungaria yang terkenal sebagai salah satu kota tercantik di Eropa (silakan bayangkan pemandangan pertama di film Mission Impossible 3, yang ada sungai besar dan jembatannya. Nah, itulah Budapest!). Turun dari bus, kami berjalan mencari hotel yang telah kami pesan. Setelah hampir 1 jam berkeliling sambil membawa tas yang cukup berat, barulah kami berhasil menemukan hotel yang letaknya agak tersembunyi itu.

Kami lelah luar biasa, namun keletihan kami berganti menjadi senyum lebar ketika kami bertemu kawan-kawan satu kampus yang juga baru tiba di Budapest. Kami lalu saling bertukar cerita dengan semangat. Yecong yang selalu bersamaku dari awal, mendadak sudah langsung memisahkan diri. Kukira dia pergi ke mana, ternyata dia sudah gerak cepat menebar pesonanya dan mendapat janji makan malam bersama dengan cowok ganteng dan atletis dari Inggris! *Ruuarr* biasa... Eksis sekali temanku ini!

Keesokan harinya, kami menentukan rute jalan-jalan.

Kami hanya punya satu hari penuh untuk jalan-jalan menikmati waktu di Budapest. Aku mau yang simpel saja, daripada *nyasar* dan menghabiskan waktu. Aku putuskan untuk ikut *"free" walking tour* (*free*-nya dalam tanda petik karena ujung-ujungnya tetap ada permintaan donasi juga :p) yang dikomandoi oleh anak-anak muda Budapest. Yecong yang eksis tebar pesona itu selalu setia ikut rencanaku. Sementara, teman-teman yang lain berniat untuk berjalan-jalan sendiri tanpa ikut tur.

Pagi-pagi aku dan Yecong sudah berada di lokasi pertemuan tempat menunggu anak-anak muda itu, seperti tertulis di brosur, yang berada di pusat kota. Tampak beberapa orang lainnya juga tengah menunggu malu-malu. Dalam setengah jam, kami semua sudah berkumpul. Tiga anak muda memimpin kami. Seorang cowok bertopi tinggi berpakaian hitam dan dua orang cewek cantik, yang satu terlihat menonjol karena dia pintar sekali cara bicaranya. Dia menjelaskan mengenai sejarah-sejarah Budapest dan bangunan-bangunannya dengan lugas dan menarik. Dia mengatakan bahwa Hungaria dalam sejarahnya adalah *"the loser"*. Ikut perang apa pun selalu kalah. Pertama, saat di perang dunia I, Hungarian memihak sebuah blok apalah itu. Hasilnya, kalah. Belajar dari pengalaman, pada Perang Dunia II mereka lantas memihak pada blok lainnya. Ternyata kalah juga, *hahaha*...

Cewek cantik yang menjadi pemandu kami.

Dalam sekejap, rubik ini tersusun rapi kembali.

Nah, tapi menurut cerita pemandu kami, sebenarnya orang Hungaria itu pintar-pintar. Ada 3 alasan yang kuingat. Satu, perhatikan saja bahasanya yang konon termasuk salah satu bahasa tersulit di dunia—sama sekali *nggak* mirip bahasa Inggris, Prancis, apalagi bahasa Jawa. Bisa dibayangkan, dong, betapa geniusnya mereka karena bisa menguasai bahasa sesulit itu. Baiklah! :) Kedua, tahukah kalian kalau rubik—alias permainan kubus yang bisa diputar-putar beda warna itu, diciptakan oleh orang Hungaria? Si abang yang penampilannya mengingatkanku pada orang Yahudi itu langsung meminta seorang peserta tur untuk mengacak rubik yang dibawanya. Setelah diputar-putar beberapa saat, rubik itu lalu dia otak-atik. Dan benar saja, dalam waktu kurang dari 10 menit, *eng ing eng...* Rubik itu bisa rapi kembali ke bentuk sebelumnya. Tepuk tangan pun bergemuruh.

Hal ketiga yang menguatkan alasan pintarnya orang Hungaria adalah fakta bahwa ada banyak pemenang nobel dan penemu yang berasal dari Hungaria. Dia menyebutkan satu per satu nama-namanya, tapi sayang tak ada yang aku ingat. *It means,* sebenarnya ada banyak orang pintar Hungaria, tapi mereka yang pintar itu lantas memilih tinggal di negara-negara maju, sehingga kondisi Hungaria sendiri tetap sedikit "terbelakang".

Kami berjalan mengikuti para pemandu itu sambil menikmati pemandangan kota yang luar biasa menarik. Oh iya, kata Budapest sendiri berasal dari penyatuan dua kata, yakni Buda dan Pest. Sungai Danube adalah sungai utama di Hungaria. Di sisi kanan dan kirinya ada wilayah Buda yang berbukit-bukit, sementara Pest adalah wilayah yang datar dan merupakan *city center*. Penyatuan bagian barat Buda dan bagian timur Pest menjadi satu kota menjadi Budapest terjadi pada tahun 1873. Hal itulah yang dikenal hingga kini.

Chain Bridge.

Chain Bridge dan Pest dilihat dari sisi Buda.

Chain Bridge, jembatan yang dihiasi dengan patung singa penjaga, menjadi ikon terkenal Budapest yang menyatukan kedua wilayah tersebut. Menyusuri Chain Bridge, kami berjalan santai (mereka memang benar berjalan santai. Tapi, aku, kan, berjalan lambat karena sambil mengambil foto. Bahkan saat sampai di ujung jembatan, aku ternyata termasuk peserta yang paling belakang. Terlalu sering *nyangkut, sih* :p). Rombongan tur kemudian mulai mendaki memasuki wilayah Buda. Banyak hal yang bisa dilihat di sana. Ada kastil, istana, *fisherman's bastion* yang bangunannya seperti di Disneyland, dan lain-lain. Asyik sekali! Sayangnya, teman seperjalananku wajahnya sudah mirip orang yang belum makan seminggu. Mukanya kuyu karena kecapaian jalan. Maklumlah, faktor u. Usia, *hihihi*...!

Sore harinya setelah *walking tour* itu, aku bertekad pergi ke Szechenyi (baca: Shenyi). Itu adalah tempat pemandian air panas pertama dan terkenal di bagian Pest. Yecong, *my true follower,* tetap dengan setia mengikutiku. Baguslah, pikirku, biar dia bisa agak segar setelah mandi di sana. Sore itu kami naik trem, turun di halte Szechenyi, kemudian berjalan mengikuti insting dan arah orang lain, persis seperti anak ayam yang hilang saat mencari tempat pemandian itu.

Fisherman's bastion.

Mejeng dulu, *ah*...

Nah, itu dia! Kami segera memasuki bangunan yang bagian depannya tampak seperti rumah biasa itu. Namun setelah melongok ke dalam, WOW, kolam pemandiannya *besaaaarrr*! Karena hari sudah agak sore, kami bergegas membayar tiket masuk di loket, kalau tidak salah sekitar 10 euro untuk mandi tanpa layanan tambahan. Kami diberi gelang seperti jam tangan untuk bisa masuk.

Setelah itu kami masih harus antre panjang sekali sebelum bisa masuk ke dalam. Mesin detektor jamnya rusak, terpaksa kami menunggu lama. Aku mulai khawatir kami tidak akan bisa berlama-lama di dalam karena malam hari mereka akan tutup dan kami pun harus kembali ke hotel. Akhirnya tiba juga giliran kami untuk masuk. Kami segera berganti baju di dalam kamar pas yang tampak unik karena terbuat dari kayu. Pengunci pintunya menggunakan batang kayu panjang seperti pengunci rumah zaman Brama Kumbara itu, lho!

Kamar ganti baju.

Aku lantas keluar dari kamar ganti baju. Kulihat pakaian yang dikenakan oleh temanku itu lebih mirip baju tidur. *Wkwkwk*... Lalu, aku melihat diriku sendiri di cermin. Astaga, *malu-maluin banget* rasanya! Aku *nggak* bisa berenang, jadi otomatis *nggak* punya baju renang. Mau pakai bikini, *nggak* mungkin, dong. Akhirnya, tebak apa yang kupakai? Aku memakai *long john*! Itu, lho, baju dalam yang biasa dipakai sebagai baju lapisan saat musim dingin. Kebetulan model kausnya itu lengan panjang dan ketat, celananya juga ketat dan agak pendek, mirip seperti celana *legging* 7/8. Lalu aku menutupi kepalaku dengan bergo pendek. Dengan bentuk tubuh yang rata, tipis dan ringan seperti Macbook Air ini (*halah, lebay!*), sumpah, deh, *nggak* ada *cakep-cakepnya*! Ingin rasanya aku bisa menghilang lalu tiba-tiba langsung *nongol* di kolam, biar tidak dilihat semua orang saat berjalan.

Kemudian kami tertawa cekikikan menuju area kolam di dalam bangunan besar itu. *Cari kolam yang agak sepi aja, Cin,* kataku. *Aha*...belum jauh berjalan, ternyata ada kolam yang agak sepi. Yang berendam di situ sebagian besar adalah ibu-ibu. Dengan malu-malu, kami masuk ke dalam kolam. *Waahh*, panas, ya! (*norak mode-on*). Setelah sedikit berbasah-basah, kami keluar dan berjalan menuju kolam lain lagi. Ada yang lebih panas, lebih dingin, lebih kecil, lebih besar. *Nggak* mau rugi, deh, semua kolam dicoba!

Setelah puas berpindah-pindah kolam, aku mengajak Yecong untuk pindah ke kolam yang ada di bagian luar bangunan. Dia langsung setuju. Kami melewati kolam yang di dalamnya diisi dengan ibu-ibu yang senam sambil mengangkat-angkat barbel di dalam air. *Hihihi*...lucu juga! Kami juga melewati kamar mandi dengan pancuran yang berderet untuk tempat bilas. Dengan baju basah, kami berjalan melewati orang-orang yang ada di kamar mandi itu. Aku berusaha mengintip bagian dalam kamar mandinya, penasaran ingin tahu seperti apa di dalamnya. Hei, ada yang pintunya terbuka. *Upsss...hiiyy*, apa itu? Kabur, *cyinn*... Buru-buru menarik lengan temanku. *Ada apa, sih?* protesnya. *Sereem*, jawabku. *Damn*, di dalam kamar mandi yang pintunya tidak tertutup tadi ada om-om tanpa memakai celana dalam sedang memainkan alat kelaminnya! Sialnya, dia menghadap ke arah luar (dan melihatku)!!! Benar-benar EKSIBISIONIS PARAHH!!!

Mission in Budapest (2)

Syok dengan kelakuan si om eksibisionis, kami cepat-cepat berjalan menuju kolam di area luar. Ternyata susah sekali menemukan jalan keluar menuju kolam itu. Layaknya labirin, kami rasanya terus melihat kolam-kolam kecil di mana-mana. Kami juga sempat salah masuk. Saat aku membuka sebuah pintu, aku melihat pemandangan ada banyak orang hampir tidak mengenakan pakaian di dalam sebuah ruangan kecil yang berasap-asap. *Hiiyy*, apa itu? (maklum, aku belum *ngeh* kalau itu yang disebut sauna). Setelah sekian lama berputar-putar, barulah kami berhasil keluar. Oh ya, Budapest berbeda dengan Holland, tak banyak orang bisa berbahasa Inggris di sini. Itu sebabnya, agak sulit bila kita ingin bertanya sesuatu.

Sesampainya di area luar bangunan, kami sempat tertegun. Wow! Luas sekali kolam pemandiannya. Dan terlihat megah sekali. Ada ratusan orang yang berada di sana. Laki-laki, perempuan, tua, dan muda. Kami masuk ke salah satu kolam luas yang memiliki lubang-lubang di bagian dasarnya. Setiap beberapa menit sekali air akan menyembur dari lubang-lubang tersebut. Orang-orang berebut berada di salah satu lubang agar bisa merasakan sensasi tekanan-tekanan air yang kuat itu. Wah, asyik sekali! Di dalam kolam itu, aku merasa ada banyak mata yang memperhatikan kami. Wajar, sih, wajah kami memang tampak berbeda dengan mereka. Mungkin sebenarnya wajah tidak begitu berpengaruh, tapi ini pasti karena baju yang kami pakai begitu ajaib. Aku memakai bergo dan *long john*, sementara temanku memakai baju tidurnya!

Beberapa orang mencoba berinteraksi dengan kami. Ada om-om yang mencoba mendekati kami. Aku langsung kabur. Temanku juga ikut kabur ke bagian tepi kolam. Lalu, ada suami istri yang mengobrol dengan temanku. Hanya sang suami yang sibuk menanyai temanku, istrinya tidak bisa berbahasa Inggris. Mereka asyik menanyai dari mana asal kami dan bagaimana kami bisa terdampar di kolam itu. Aku sendiri lebih memilih menikmati kolam itu sambil mengamati sekitar. Bosan mengapung *nggak* jelas, aku iseng mencoba mendekati seorang cowok ganteng. Oke, dia berada di arah jam 3. Aku pura-pura hanyut saja, deh! Saat sudah hampir dekat dengannya, tiba-tiba pacarnya datang dan mereka malah beromantis ria. Nasib! :'(

Saat aku sedang *manyun* itulah tiba-tiba mataku menangkap dua sosok yang kukenali. *Hei, kalian!* Aku langsung menghampiri dan *cipika-cipiki* dengan mereka. Mereka adalah dua orang teman kuliahku, cewek-cewek yang berasal dari Kolombia (tempat Nazaruddin kabur itu, lho!). Sementara si Yecong masih asyik mengobrol dengan pasutri tadi di kolam yang tenang, aku dan dua temanku yang berbikini ria main ke kolam yang ada di tengah. Ada kolam kecil berbentuk lingkaran yang dipenuhi anak-anak muda. Kolam kecil itu lebih menantang karena tiba-tiba bisa berarus sangat kuat.

Anak-anak muda di dalam kolam itu saling berpegangan satu sama lain, berteriak keras sambil tertawa-tawa, berputar cepat jumpalitan mengelilingi kolam karena dorongan arus yang sangat kuat. Aku cuma mencoba satu putaran, takut! Itu juga aku harus sambil memegang pundak temanku. Setelah aku keluar kolam "hantu" itu, aku lalu bermain-main lagi di dalam kolam tenang sambil menunggu arus yang keluar dari lubang-lubang kecil saja. Sementara dua orang temanku itu tetap melanjutkan petualangan mereka di kolam "hantu".

Setelah puas berendam, aku mengajak Yecong untuk masuk ke dalam lagi. *Kita coba sauna, yuk,* kataku. Yecong menurutiku saja. Ada beberapa kamar sauna di sana dengan tipe yang berbeda—tapi aku *nggak ngerti* di mana bedanya. Kami mencoba satu demi satu. Kamar kecil pertama yang kami masuki, panas dan berasap-asap! Melihat orang-orang duduk di kursi panjang yang ada di situ, kami pun ikut duduk. Bau keringat menyeruak dan panasnya membuat sesak. Tapi sengaja kukuatkan demi merasakan pengalaman bersauna.

Keringatku langsung bercucuran. Aku lihat orang-orang di dalam ruangan sauna itu berpakaian hampir telanjang. Ternyata mereka juga melihat ke arahku. *OH MY GOD*, aku baru sadar kalau aku seperti *alien* di sana. Temanku juga, sih, tapi *nggak* seheboh aku. Bayangkan bila kamu ada di ruangan sauna yang panas, penuh, dan sesak mengenakan pakaian lengkap! Bergo, baju, dan celana. Plus, *bra* dan *cd,* tentunya! *I wore 5 pieces of clothes, while they just wore 1 or 2 at maximum!*

Tidak tahan dengan keanehanku, ada seorang ibu yang baru masuk sampai takjub. Mungkin ini pertama kalinya dia melihat orang aneh di dalam kamar sauna. Dia bertanya sambil melotot-lotot, memperhatikanku dari atas ke bawah dengan tatapan iba, *"Kamu nggak kepanasan pakai baju lengkap begini?"* Aku jawab diplomatis, *"Nggak, Bu, sudah biasa,"* kataku kalem sambil merasakan cucuran deras keringat dan menahan napas yang termegap-megap. Ibu itu tetap menatapku dengan tampang heran dan ibanya. Lalu, aku berbisik ke arah temanku, *"Cong, keluar yuk, gue udah mau pingsan." Hahaha...*

Buru-buru kami keluar dari sana dan menghirup udara bebas, eh...segar. Baru sebentar kami berjalan, aku melihat ada kamar sauna dengan tulisan di pintu yang berbeda. Rasa penasaranku timbul lagi, aku ajak Yecong untuk masuk ke dalam. Kubuka pintunya, *SREETT*...sebuah ruangan kecil berasap-asap lagi. Bedanya, di sini kursinya bukan kursi panjang seperti di dalam ruangan sebelumnya, tapi agak lebar dan bertingkat-tingkat seperti tribun. Hanya ada dua orang bapak gemuk yang duduk berjauhan, sambil terdiam, dan bengong (*hati-hati, Pak, nanti kesambet! :p*). Karena sepi, kali ini kami sedikit lebih *pede* untuk duduk sambil merasakan uap panas di dalam ruangan sempit itu. Ah, jadi ikut bengong, deh! Kenapa, ya, di dalam ruang sauna itu tidak disediakan TV, *videogame,* atau alat karaoke supaya orang bisa mengalihkan rasa panas—daripada harus melihat ke arah dinding atau memperhatikan tubuh orang lain, atau yang lebih parah lagi adalah mengintip merek *underwear* orang lain. Tak berapa lama, ada bapak-bapak yang lain mulai masuk ke ruangan kami. Wah, daripada menjadi bidadari di sarang harimau, kami memutuskan untuk segera keluar dari sana.

Sudah, deh, Cong, kita udahan aja, kataku. Kami pun lantas masuk ke kamar pancuran untuk membilas dan mengguyur diri dengan air bersih. Setelah selesai, masih mengenakan baju yang sama dan membawa air yang menetes-netes dari baju, kami berjalan berjingkat-jingkat menuju ruang ganti kayu tadi. Tiba-tiba, langkahku dihentikan oleh seorang ibu yang tidak kukenal. *Jeng jeng...!* Dia berdiri di hadapanku sambil memandangiku dengan wajah bahagia. Dan tebak, kamu tahu apa yang dia ucapkan?

"Hei, you look so beautiful."

???

"*Yeaa, this.*" Tangannya sambil menunjuk ke arah pakaianku.

Aku melihat bentuk dan rupaku yang seperti makhluk asing dari atas ke bawah. Lalu, aku terpana. Astaga*!! She likes the way I cover my body*. Ooohh... *That's so sweet!* (mukaku berubah warna jadi merah jambu).

ITALIA

Paesi che vai, usanze che trovi.
(Bermacam negara kamu kunjungi,
bermacam budaya akan kamu temukan).
Hikmah: Di mana bumi dipijak,
di situ langit dijunjung.

Sumber: http://en.wikiquote.org/wiki/Italian_proverbs

Bertemu Paus

Di kampusku ada program favorit yang namanya *study visit* selama 5 hari di musim panas. Mahasiswa berhak memilih mau pergi ke negara mana dan mengunjungi institusi apa saja. Setelah ramai berdebat sana-sini—ada yang mau ke Budapest, ada yang mau ke Spanyol, ada yang mau ke Italia, ada juga yang pengin di Belanda (*hiyaa*...yang ini mungkin sudah bosan dengan Eropa!), akhirnya kelasku tercinta, *Children and Youth Studies,* memutuskan untuk mengunjungi Roma, Italia. Selain kelas kami, ada dua kelas lain yang juga akan melakukan *study visit* ke Roma.

Kami mengagendakan kunjungan ke beberapa institusi terkenal, seperti Don Bosco School, Italian Red Cross, WFP, dan lain-lain. Aku lumayan *excited* dengan Roma karena termasuk salah satu kota yang kumasukkan dalam daftar wajib untuk didatangi. Aku mendapat tugas untuk mempersiapkan kunjungan ke Italian Red Cross. Wajar, karena aku orang Palang Merah. Setelah mempersiapkan segala sesuatunya, aku mulai *nervous*. Apalagi yang harus kusiapkan untuk kunjungan ini, ya? Aha!! Rasanya aku belum begitu mengerti dengan sejarah Colosseum, Roma. Bangunan mahabesar yang berbentuk bundar dan bertingkat-tingkat itu. Baiklah. Apa yang akan kulakukan? Entah kenapa pilihanku tidak jatuh kepada Om Gugel seperti biasanya. Aku malah melakukan hal yang berbeda untuk mempelajari sejarah ini. Sendiri di atas kasur, sambil mendekap bantal, aku memutar dan menonton film *Gladiator*. Seru!

Begitu sampai di Roma, aku jadi agak norak. Aku heboh berfoto dengan Paus—*sstt,* bukan ikan paus, lho! Melainkan Paus, alias *Pope,* tokoh agama tertinggi dalam agama Katolik yang gambarnya tersebar di mana-mana. Ada foto Paus yang sedang mengangkat seorang anak kecil dengan tatapan penuh kasih diimbuhi pesan tertera di bawahnya, kira-kira begini bunyinya, *"Saya telah mencarimu dan sekarang kamu datang padaku. Terima kasih."* Sebagai mahasiswa yang sedang belajar mengenai *Development Studies* tentang *Children and Youth*, kami langsung menganalisis. *Hmm*, sepertinya ini pesan anti-KB dari si Paus. Ini agak bertentangan dengan pemahaman kami bahwa setiap perempuan memiliki hak reproduksi, jadi ia berhak menentukan kapan dan bagaimana ia bereproduksi.

Nggak usah diperpanjang masalah reproduksinya, nanti malah jadi seperti kuliah, *hehehe*... Intinya, aku cukup *excited* dengan banyaknya foto Paus yang bertebaran di Roma ini. Kemudian, aku ingat bahwa sesaat setelah mendatangi beberapa institusi sesuai dengan jadwal dan juga mengunjungi

Colosseum bersama teman-teman, akhirnya pada hari Rabu kami memiliki kesempatan untuk berkunjung ke Vatikan, daerah kekuasaan Paus.

Ternyata di Vatikan sedang ramai sekali! Ada ribuan orang berdesak-desakan di depan gereja St. Peter's Basilica. *Eh, ada apa ini, heboh amat,* pikirku. Eh, ternyata Paus akan datang ke tempat itu. *Eh, beruntung sekali bisa sekalian melihat Paus,* pikirku lagi (Eh, kenapa semuanya pakai "eh", ya? :p). Eh lagi, gimana caranya supaya aku yang berbadan *petite* ini bisa bersaing dalam lautan manusia dengan ribuan orang dan melihat Paus dari dekat, ya? Mungkinkah?

Aha, bukan aku namanya kalau langsung menyerah! Kelompok kami sudah berpencar. Aku bertekad bulat ingin melihat si Kakek. Kulihat para tentara pengaman yang ganteng-ganteng (*gubrag,* bajunya aneh bin ajaib! Mirip es krim! Kalah, deh, model *fashion*

show) sedang membentuk lapisan barisan agar orang-orang bisa lebih jelas melihat Paus. Aku langsung maju dengan cepat dan mendekati mereka. Dengan gesit aku menyelip di antara lautan manusia itu. Wow, justru badanku yang mungil ini mendukung pergerakanku. Maju terus, lagi, dan lagi. Hingga akhirnya mentok. Dan aku masih berada *jauuhhh* sekali dari panggung utama. Ternyata usahaku tidak berpengaruh banyak, *jeck! Hahaha...*

Eits, tunggu dulu, bukan aku namanya kalau tidak selalu beruntung. Badanku saat itu terhenti di depan pembatas. Di depanku ada ruang kosong sekitar 2 meter, baru kemudian tampak kerumunan orang lagi. *Hmm*, apa maksudnya ini? Lalu, kulihat dari layar besar yang terpajang, *wooww*... ternyata parade mobil yang dinaiki Paus sedang menuju ke arahku!

Wah wah wah, rasanya aku ingin lompat sambil jingkrak kegirangan! Orang yang beragama Katolik saja jarang bisa melihat Paus dari jarak sedekat ini, *hihihi*... Kemudian, tak lama setelah itu, kulihatlah mobil itu datang ke arah tempatku berdiri saat ini. Dengan gaya sok jadi *paparazzi*, cepat-cepat kusiapkan kameraku. Untung saat itu aku sedang memakai lensa yang tidak standar,

cukup oke untuk dipakai *zoom* objek. Pengalaman super langka, nih! Mobil Mercedes keren itu pun mendekat. *Whew*! Pengawalnya banyak dan semua berjas hitam. Paus tampil paling berbeda karena berbaju putih dan dialah orang paling tua di antara semuanya, *hehehe*... Dari atas mobil terbuka itulah dia menyapa jemaatnya, melambaikan tangan seperti Miss Universe. :p Orang-orang terpukau sambil berteriak. Mungkin teriakan mereka itu semacam zikir *Allahu Akbar* kalau dalam Islam, *hehehe*... Aku jadi pengin ikut teriak juga, "*Pauuss! Pauuss! We love uuu.*" Apa, coba?? Nah, karena *nggak* mungkin melakukan hal itu, aku sibuk jeprat-jepret saja, deh. *Klik klik klik*...

Here he is!

Setelah rombongan Paus melewati tempat itu, pagar pembatas dibuka, penonton pun diperbolehkan duduk. Aku ikut duduk di kursi-kursi itu, membaur di antara ribuan orang lainnya. Ternyata, coba tebak apa yang terjadi selanjutnya? Khotbah, *bo*! Paus berkhotbah dengan

Memperhatikan khotbah Paus dari kejauhan.

bahasa yang sama sekali tidak kuketahui. *Nggak* tahu, deh, mungkin bahasa Italia. Tapi kok *nggak* ada *seniorita-senioriti*, ya? *Hmm*...mungkin bahasa Ibrani, kali, ya? (*hehe*... maaf kalau salah, soalnya *roaming* alias *nggak ngerti blas*!).

Sebagian mahasiswa ISS yang ikut *study visit* ke Roma.

Bersama teman dari Italian Red Cross.

Kuputar pandangan ke arah sekelilingku. Ya ampun, ternyata hanya aku sendiri yang berjilbab dan duduk khusyuk begini, *hihihi*... Setelah lama mendengarkan khotbah tapi tetap tidak mengerti bahasanya, aku menyerah dan keluar dari barisan itu sambil mencari teman-temanku. Saat pulang, teman-temanku ternyata takjub dengan foto yang kuhasilkan. *Hebat! Bisa dekat sekali dengan Paus! Ya iyalah, Paus lewat depan gue*, kataku sombong, *hahaha*...

ITALIA

Se la montagna non va a Maometto,
Maometta vienne a la montagna.
(Kalau gunung tidak datang ke Muhammad,
Muhammad harus datang ke gunung.)

Hikmah: Jika kenyataan tidak bisa menyesuaikan diri dengan keinginanmu, kamu harus menyesuaikan keinginanmu dengan kenyataan.

Sumber: http://en.wikiquote.org/wiki/Italian_proverbs

Grotta Azzurra: The Bluest Water in the World

Setelah *study visit* lima hari itu berakhir, beberapa orang pelajar—termasuk aku—tidak langsung pulang ke Belanda. Kami berencana untuk menggenapkan perjalanan menjadi satu minggu. Mau ke manakah tujuan kami? Ada yang masih berencana untuk mengeksplorasi kota Roma, ada sebagian lagi yang hendak ke Milan (meski akhirnya tidak jadi). Aku sendiri sudah punya tujuan lain. Aku *ngebet* pengin ke Capri Island, sebuah pulau indah di bagian selatan Italia, dekat Napoli. Pulau yang sering dijadikan tempat istirahat kaum elite, penulis, dan artis. Bahkan, gosipnya Mariah Carey punya vila di pulau ini!

Sebagian besar teman-temanku tidak memiliki hasrat petualangan sebesar dan senekat aku. Mereka lebih memilih yang aman-aman saja, cukup dengan berjalan-jalan di Roma atau kota-kota yang dekat dengan Roma saja. Sementara, Napoli adalah tempat yang cukup jauh, dan waktu yang tersisa tinggal 2 hari. Belum lagi harus menyeberang ke Capri Island. Itulah alasan mengapa kebanyakan dari teman-teman yang mau ikut denganku ke Capri akhirnya membatalkan rencananya. Tapi, sudah telanjur tanggung buatku, aku *nggak* rela pulang ke Belanda sebelum melihat Capri Island dan Grotta Azzura (*hayo*, coba *digugel* apa itu Grotta Azzura dan bilang kalau kamu *nggak* tertarik pengin ke sana setelah melihatnya).

Ah, tapi ternyata kecil-kecil begini masih ada saja yang mau menjadi *follower*-ku, *hehehe*... Seorang teman baik dari Filipina, nekat mengikutiku. *Bener yo, nggak nyesel yoo? Awas kalo ntar minta pulang,* kataku. Ternyata dia tetap *ngotot* ingin ikut aku. Aku bahagia karena tak harus *traveling* sendirian. Tapi, cerita sebenarnya adalah dia sudah *nggak* pengin jalan-jalan lagi karena kepikiran ada seminar tesis yang menunggu di kampus. Karena terlanjur sudah pesan tiket *extend* saja makanya dia tetap mau ikut aku. ☺

Setelah perpisahan dengan teman-teman di siang hari, sore harinya aku dan teman Filipinaku langsung berangkat menuju Napoli dengan kereta kelas ekonomi dari stasiun Termini Roma. *Aiih*, saat kami naik, kereta sudah penuh. Duh, *nggak* dapat tempat duduk. *Hmm*...pantas penumpangnya penuh seperti ini. Harga tiketnya cukup murah. Dengan sisa kekuatan yang ada, aku harus berdiri. Begitu juga temanku. Kami berdiri di dekat pintu. Seorang cewek duduk dengan tenang sambil membaca majalah di dekat kami. Aku iri sekali padanya. *Aku ingin duduk,* kataku pada si...(Waduh, aku lupa siapa nama teman Filipinaku itu saat menulis ini). Temanku tersenyum dengan tatapan mata kasihan melihatku. Dia tahu kalau aku pasti lemas karena kebetulan aku belum makan. Tapi bagaimana bisa duduk, *nggak* ada kursi. Akhirnya, *bodo* amat, ah! Aku duduk memeluk kaki di lantai gerbong. Orang-orang melihatku dengan aneh. *Sabodo teing*, daripada pingsan.

Kereta berhenti di beberapa stasiun. Penumpang tambah banyak. Dan tiba-tiba, ada yang memarahiku karena duduk di lantai. Waduh, dia *ngomel-ngomel!* Padahal aku duduk di bawah itu tidak memakan tempat. Badanku sekecil ini. Aku duduk saja masih memakan ruang lebih kecil daripada mereka yang berdiri. Tapi sudahlah, daripada ribut dan pasti kalah. Mau balas *ngomel* pakai bahasa Indonesia nanti malah mereka *nggak ngerti, hehe...* Jadi, ya, mengalah saja. Aku pun berdiri dengan lemas.

Lama sekali perjalanan kami itu. Makan waktu kurang lebih sekitar 6 jam. Setelah lebih dari setengah perjalanan, satu per satu penumpang mulai turun. Aku yang tanpa henti-hentinya waspada mencari celah untuk duduk akhirnya mendapat peluang duduk. Tapi teman Filipinaku baru bisa duduk di sampingku ketika sudah dekat tempat pemberhentian akhir.

Apa yang ada di bayanganmu tentang Napoli? Bola? Atau, *mafioso*? Ternyata, Napoli itu kota pelabuhan. Kami melihat laut dan kapal menjelang masuk kota Napoli. Kami sampai di kota itu pada malam hari. Setelah menemukan hostel, kami cepat-cepat memasak mi instan untuk bertahan hidup. Kemudian, kami mencoba berjalan-jalan melihat keadaan kota Napoli di malam hari. Alamak! Ternyata Napoli seram. Kami merasa dikejar-kejar oleh pengemis. Tidak hanya seram, di kota ini sampah menggunung begitu saja di tepi jalan. Aneh sekali rasanya melihat ada kota di Eropa sekotor ini. *Arghh*, rasanya kota kecilku Singkawang pun tidak sekotor ini. Karena merasa sangat tidak nyaman, kami segera pulang ke hostel dan tidur, mempersiapkan energi untuk berangkat pagi-pagi sekali keesokan harinya untuk *one day trip* ke Capri Island. Asyik!

Kotornya kota Napoli di malam hari.

Napoli, jam 6 pagi. Siap-siap untuk penyeberangan menuju Capri Island. Aku dan teman Filipinaku—yang masih tak kuingat namanya (kalau dia tahu, aku pasti bisa dipukul keras olehnya, *hufft!*) berjalan menenteng ransel sambil berdiskusi, berdebat keras. Pertanyaannya, dari manakah kami harus naik kapal? Peta yang kami miliki tidak punya informasi yang jelas. Padahal, kapal berangkat jam 7. Kami deg-degan, karena kalau terlambat, kami harus menukar dan mengganti dengan tiket yang lebih mahal. Setelah pusing berputar-putar tempat itu, akhirnya kami sampai juga di tempat menunggu feri itu. Jam 7 lewat kami berangkat. *Wih*, lumayan *banget*, kapal ferinya ternyata besar! Setelah duduk di atas dan berangin-angin hingga masuk angin, barulah kami turun dan masuk ke dalam.

Setelah 2 jam perjalanan, kami mulai melihat Capri Island, tempat mahal yang aku impikan! Saking mahalnya, aku sampai tidak mampu membayar penginapan di Pulau Capri. Untuk satu malam saja, harga penginapan termurah di sana sekitar 50 euro, alias sekitar 600 ribu rupiah.

Sehingga, pilihannya adalah tidur di Napoli—di mana aku bisa mendapat penginapan seharga 200 ribuan dan kemudian berangkat menuju Capri pagi-pagi sekali dan kembali pada sore harinya.

Wah! Baru saja ferinya mau merapat, aku sudah berdecak kagum. *Ini baru Eropa*, sahutku sambil melihat indahnya pemandangan dari atas kapal feri. Saat itu kami menjejakkan kaki di pulau itu dengan perasaan bahagia. Aku tak henti-hentinya tertawa sumringah. Betapa cantiknya tempat ini! Roma tak ada apa-apanya dibanding Capri, pikirku. Uh, *nggak* rugi harus susah payah datang ke sini. *Kita harus ikut speedboat trip mengelilingi pulau*, kataku pada temanku. *Kita harus lihat blue grotto, the bluest water in the world*, kataku lagi dengan bersemangat. Dia menggeleng. *Aku ikut mengelilingi pulau, tapi aku nggak mau masuk ke gua, aku takut gua*, katanya. *Oke, tenang saja, nanti akan kuambilkan video dan gambar sebanyak-banyaknya di dalam*, kataku merangkulnya. Kemudian, kami naik *speedboat* untuk berkeliling pulau bersama beberapa penumpang lainnya dengan membayar sekitar 150 ribu rupiah.

Pemandangan pulau dari atas feri.

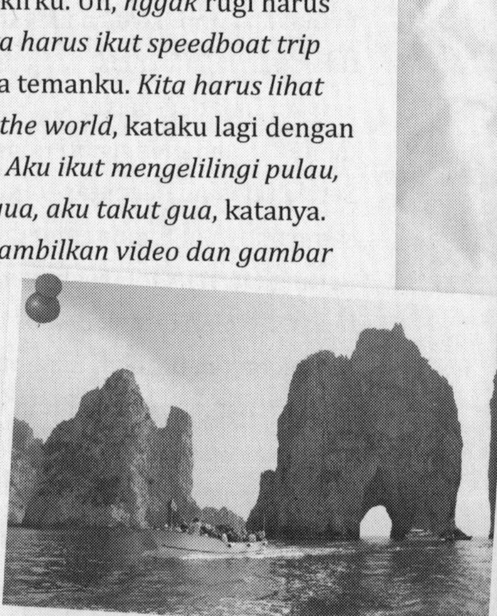

Batu ini menjadi salah satu ikon di Capri Island.

Grotta Azzura atau Blue Grotto digambarkan sebagai gua yang dulunya dijadikan tempat pemandian khusus keluarga kerajaan pada masa Romawi dulu karena keistimewaannya, yaitu air yang kelihatan begitu biru seperti disinari neon biru—padahal ternyata itu hanya iluminasi dari pancaran cahaya yang masuk dari mulut gua, dan mungkin terkena pantulan entah dari batuan apa yang ada di dasar gua. Ketika aku melakukan riset lewat internet sebelum pergi ke Italia, aku sudah terpesona dengan keajaiban Grotta Azzurra. Itu sebabnya, apa pun yang terjadi, aku bertekad akan pergi ke sana—meskipun awalnya kami akan pergi beramai-ramai, namun kemudian satu per satu teman mundur dan hanya si Filipino yang bertahan.

Bila ingin masuk ke dalam Grotta Azzurra, turis harus membayar biaya lagi untuk menyewa perahu super kecil agar bisa memasuki mulut gua. Biayanya 13 euro, atau sekitar 150 ribuan. Okay, *I am in*, putusku. Tapi sebelum itu, sekitar 1 jam kami disuguhi pemandangan yang luar biasa dari pulau ini. Bebatuan berwarna indah, tebing tinggi, benteng pertahanan zaman Romawi. Oh, semuanya indah sekali! Tak henti-hentinya kameraku bekerja, karena aku *nggak* tahan membiarkan pemandangan indah itu lewat begitu saja. *I love it, I love it.*

Loket pembayaran masuk gua untuk melihat Grotta Azzurra.

Speedboat kami lalu mendekati area yang kelihatan jauh lebih ramai dibanding kesunyian sebelumnya. Oh, ternyata itu gua Grotta Azzurra. Kapal-kapal mengapung menunggu antrean penumpang untuk masuk ke dalam gua. Perahu-perahu kecil tampak hilir-mudik mengambil penumpang. Sedikit info, katanya gua ini memiliki panjang 60 meter dengan lebar 25 meter. Fenomena kenapa air bisa terlihat sangat biru adalah karena cahaya matahari yang masuk melalui rongga bawah air disaring oleh air yang kemudian menyerap warna merahnya, sehingga hanya memantulkan cahaya biru pada permukaan air lautnya. Waktu yang paling pas untuk mengunjungi *blue grotto* ini adalah sekitar jam 12 hingga jam 2 siang, saat matahari sedang terik-teriknya. Sekadar *warning*, untuk bisa melihat birunya air yang sempurna, jangan mengunjungi tempat ini saat langit sedang mendung. Apalagi di malam hari! (ya, iyalah!).

Setelah lama menunggu, tiba giliranku. *Please, my lady*, kata pemandu perahu kecil ini mempersilakanku naik. Setelahku, ada satu pasangan lagi yang naik. Mereka duduk di belakangku. Berempat, kami akan memasuki gua itu. *Aku akan menyanyikan lagu Italia yang indah khusus untukmu*, kata si pemandu yang bertampang sungguh Italia ini menggombaliku. *Oh, ya? Thanks a lot*, kataku mulai tersipu-sipu. *Sure, tapi jangan lupa uang tip untukku*, katanya dengan tampang lugu. *Gubrag*! Kukira dia tulus. Dasar!

Oh oh, itu dia mulut guanya berada di depan kami. Tingginya hanya sekitar satu meter. *Yaakk, menunduuk!* kata si pemandu. Cepat-cepat kami menundukkan badan agar tidak menyangkut di mulut gua yang sangat sempit itu. *Oke, sekarang sudah boleh melihat*, lanjutnya. Ternyata sudah banyak perahu di dalam situ. Dan suara-suara nyanyian para pemandu terdengar saling bersahutan menggema di dalam gua (Sial, ternyata semua orang *dinyanyiin*!). Pemandu kami terus mengayuh perahu sambil konser dengan nada 9 oktaf. *La la laa... la la laaa... don't forget your tip... la laa laa...* (pengin kujitak saja rasanya!)

Aku terkesima. Aku takjub. Tapi bukan karena nyanyian si Roberto ini. Melainkan karena tiba-tiba pemandangan di sekitarku berubah sungguh dramatis! Air di dalam gua itu benar-benar biru, sebiru spiritus! Kupakai kedua tanganku untuk merekam kesempatan langka itu. Tangan kananku memegang kamera Nikon, tangan kiri memegang Blackberry untuk video. Kedua *gadget* itu sama-sama aktif. Akibatnya, jelas sudah tak diragukan lagi, banyak fotonya yang *blur, huaaa...* Tapi, tentu masih ada yang bagus, dong! Siapa dulu yang motret! ;)

Kesempatan melihat pemandangan yang luar biasa itu segera berlalu. Si Roberto Musolini ini segara memutar perahunya menuju jalan keluar. Ah, singkat sekali! Tapi sebelum keluar, aku sempat mengisi botol air mineralku yang kosong dengan air dari Grotta Azzura itu. Aku mau lihat, apakah saat berada di luar nanti airnya jadi putih atau tetap biru, ya? Kami keluar dari mulut gua itu dan kulihat temanku memotretku dengan kamera sakunya. Aku

Grotta Azzurra.

Perahu kecil keluar masuk mengantar turis.

bahagia sekali, tak sabar ingin menceritakan soal keajaiban di dalam sana pada sahabatku ini (sahabat tapi kok bisa lupa nama!).

Sebelum naik ke *speedboat*, lagi-lagi si Musolini menyanyikan lagu mars-nya. *Alahh, kagak! Kere, nih! Sewa perahu ini saja sudah sekitar 150 ribu, padahal cuma gitu doang. Singkat banget, paling 5 menit. Kirain bisa mandi di dalam*, protesku dalam hati sambil cepat-cepat naik ke *speedboat*. Untung penumpang yang lain memberikan uang tip jadi dia *nggak* marah padaku.

Ini dia si "Musolini" ☺

Kami meneruskan perjalanan mengelilingi pulau hingga kembali ke tempat semula. Di daratan, kami berdua menyempatkan untuk berjalan-jalan menyusuri bukit, pertokoan, mencicipi gelato atau es krim (mumpung ada di Italia!). Bahkan aku juga sempat bermain di pantai. Luar biasa indahnya!

Entah karena terlalu pelit pada si Musolini pemandu perahu tadi, atau hanya karena kurang hati-hati, sore itu sebelum pulang ke Napoli, nasibku berubah. Senyum dan tawa yang menghiasi wajahku sejak pagi seketika hilang. Aku merajuk pada sahabatku. *Sistaaa, uangku hilang 45 euro, huuaa... Aku betul-betul kere, nih!*

PS: Aduh, aku stres, nih, karena belum bisa mengingat nama sahabat Filipinaku itu. Bisa saja sih aku cek di Facebook, tapi *nggak* seru *banget*, kan!

Si Filipino sedang makan buah ceri manis.

Such an amazing view!

Jatuh cinta pada Capri Island!

PS lagi: Oh iya, tadi aku belum memberitahu soal air yang kubawa keluar dalam botol mineral itu. Kira-kira airnya tetap berwarna biru atau berubah jadi putih, *hayoo*?? Apa? Biru? Sayangnya, *nggak*! Putih?? Salah! Memang susu? Air itu ya bening dong, say, *nggak* berwarna, *hahaha*...

PS lagi dan lagi: Tahu, *nggak,* apa itu PS? *Playstation*? *Ngegame* terus pikirannya! Pasti yang jawab anak SMP. *Ssst*... apa? *Phones*x*? *Ngeres, ah*, pasti yang jawab korban LDR. PS itu maksudnya *postscript,* sesuatu yang diletakkan sebagai tambahan atas tulisan sebelumnya (*Ehem*, jangan bilang siapa-siapa, ya! Jujur, aku juga baru tahu belakangan ini kok. Eh, tapi masih *mendinglah,* daripada baru tahu sekarang. *Hehehe*...)

PS terakhir: pasti ada yang bingung dan bertanya, LDR itu *apaan* sih? *Cape ah, gugel sono!*

BELANDA

Geen geld, geen Zwitsers.
(No money, no Swiss).
Jangan mengharapkan sesuatu akan datang dengan sendirinya/gratis.

Sumber: http://www.interproverbs.co.uk/proverbs-other-countries/netherlands.html

Jurus Mabuk Demi Traveling

Belajar di luar negeri adalah bagian penting dari misiku keliling dunia. Kalau bukan karena beasiswa luar negeri, kecil kemungkinan aku bisa jalan-jalan ke mana-mana. Itu sebabnya aku begitu berjuang keras untuk bisa mendapatkan beasiswa. Setelah diterima beasiswa, tibalah masa kebingungan untuk memilih studi apa dan di mana. Nah, karena *passion*-ku adalah pemuda, kuputuskan untuk mengambil bidang studi *Development Studies* dengan spesialisasi *Children and Youth Studies (CYS)* di Institute of Social Studies, Den Haag. Cerita berikut ini adalah tip tentang cara bertahan agar bisa belajar di luar negeri.

Di hari pertamaku datang untuk berkenalan dengan dosen-dosen dan pelajar-pelajar yang akan menjadi teman sekelasku, aku sempat merasa kurang *pede*. Bukan karena punya tubuh yang paling kecil, tapi dari belasan mahasiswa CYS, hanya aku yang berasal dari Indonesia. Lainnya berasal dari Jepang, Australia, Iran, Filipina, Brazil, Uganda, Kolombia, Ethiopia, bahkan Zimbabwe. Seketika aku merasa galau, *gimana, nih?* Aku takut kalau aku akan kesulitan menangkap pelajaran yang disampaikan oleh dosen, terutama dengan bahasa Inggrisnya yang cepat, karena kebetulan *convener* (istilah untuk menyebut dekan) kami berasal dari Amerika Serikat, padahal aku tidak punya teman Indonesia untuk membantuku menerjemahkan.

Apalagi mendengarkan teman-teman yang berasal dari Afrika saat mereka berbicara, jauh lebih sulit untuk dimengerti. Mereka menggunakan dialek yang aneh bin ajaib. Misalnya, kalau mereka menyebut "*author*" (penulis), kita akan mendengarnya "*ota*". Atau, kalau mereka mengatakan "*girl*" (anak perempuan), kedengaran sebagai "*gal*". Aku sempat stres karena tidak mengerti apa yang mereka omongkan. Baru setelah beberapa bulan bergaul dengan mereka, aku bisa mengerti apa yang mereka maksud.

Sebelum berangkat ke Belanda, aku telah menamatkan novel karangan pelajar-pelajar lulusan Belanda, judulnya *Negeri van Oranje.* Buku itu mengingatkan kita untuk pandai-pandai berteman dengan pelajar *native speaker* (yang berasal dari negara berbahasa Inggris, seperti Amerika Serikat, Inggris, Australia) supaya bisa membantu kita nantinya, terutama pada saat tugas kelompok. Dengan kemampuan bahasa Inggris yang tidak perlu diragukan lagi, biasanya mereka akan mampu menyampaikan materi atau menjawab pertanyaan dengan lugas dan mantap. *Hmm*, ide yang bagus! Kata Jack Sim[2], kita harus selalu menggunakan strategi OP, alias *other people*. Misalnya, *other people strength, other people brain, other people money, hehehe*...

Berbekal pengetahuan tentang strategi itu, aku segera merapat pada teman yang berasal dari Australia,

[2] Pendiri organisasi sosial World Toilet Organization (WTO).

namanya Narelle. Seorang perempuan yang cantik dan ramah. Dia bermata seperti *hazel*, berambut keriting yang mengingatkanku pada Nicole Kidman, dan memiliki tubuh *slim* yang tidak terlalu tinggi. Dia penyuka buah dan sayuran. Kalau di kelas, aku selalu mengamati dia memakan buah yang telah dipotong-potong.

Kembali ke tip tentang "memanfaatkan" *native speaker* tadi, aku punya cerita. Di suatu kelas yang berjudul dramatis sekali, yaitu *Politic of Sex, Life, and Death*, aku kebetulan satu grup dengan Narelle untuk tugas akhir kami. Grup kami berjumlah 5 orang. Ada aku, dia, dan 3 orang lainnya dari Afrika. Karena waktu yang sangat sempit sementara tugas lain menumpuk, kami tidak punya waktu untuk berkumpul bersama membahas tugas grup tersebut. Sementara itu, aku, selain mengerjakan tugas kuliah lain, juga sudah sibuk mempersiapkan rencana tur Eropa yang akan dimulai begitu kuliah ini berakhir. Akhirnya kami hanya berkomunikasi lewat *email* dan membagi tugas. Narelle menjadi *team leader*. Setelah mengumpulkan hasil riset dari kami, dia lalu membuat presentasi yang menarik dan komprehensif. Wow, kami terkagum-kagum dengan presentasi yang ditunjukkannya pada hari ketika kami akan tampil. Cihuy, tampaknya strategiku akan berhasil!

Tibalah saat kami harus tampil. Kami bergantian mempresentasikan bersama bahan kami dengan penuh percaya diri. Tugas ini bukannya tanpa rintangan. Ketika Narelle selesai menutup presentasi yang menurut kami sudah "wow" itu, bukannya pujian yang kami dapatkan, tiba-tiba si dosen malah mengkritisi hingga ke titik paling kritis. Pertanyaan-pertanyaannya mengempaskan kepercayaan diri grup kami. Narelle berusaha menjawab terus namun dicecar kembali hingga tertekuk wajahnya, matanya memerah! Tak tahan dengan semua mata yang tertuju padanya, dia mundur dari tempat presentasi dan berdiri di tepi kelas, jelas sekali dia *down*. Sementara, tiga rekan segrup lainnya hanya bisa terdiam bingung karena memang pertanyaannya di luar dari yang sudah kami pelajari. Duh, kenapa jadi malah berantakan begini!

Dalam situasi yang buruk itu, aku tidak punya pilihan. Aku hanya ingin ujian ini selesai dengan baik, ini kelas terakhirku. Bayangan jalan-jalan di negara indah seperti Inggris dan Swiss sudah menggodaku. Kalau sampai harus *remidi*, *gaswat*, bisa terancam agenda terbesarku abad ini! Akhirnya, aku memberanikan diri menjawab sekenanya, *daripada semua diam, lebih baik ngemeng,* pikirku. Kalau di dunia persilatan, istilahnya aku sedang mengeluarkan jurus mabuk. Aku pun menjawab sebisanya, tanpa arah tujuan yang jelas dan dengan bahasa Inggris yang kalau dibandingkan dengan si Narelle tadi turun kecepatannya hingga 0,0002 km/jam. Entah berakhir di mana diskusi pertahananku pada hari itu, namun yang pasti, saat nilai keluar beberapa bulan setelah ujian yang mengenaskan itu, grup kami mendapat nilai yang mengejutkan, *EXCELLENT*!

Beberapa minggu kemudian kami bertemu di sebuah kafe. Tidak sengaja kami teringat ke hasil ujian tersebut. Narelle tertawa girang dan kami saling mengucapkan selamat. "*Aku syok melihat nilai kita, good job, Narelle*!"

kataku menyelamatinya. Dan tahu apa katanya? Dia malah berterimakasih karena aku tetap gigih menjawab pada masa genting itu. Duh, jadi malu.

Nah, lho...berarti strateginya tidak cukup sampai "merapat pada *native speaker*", tapi juga harus "siap untuk menjadi *bumper*" ketika si *doi* sudah mentok!

"Kadang kusesali betapa pendek tubuhku, tapi kemudian kutersenyum mengingat betapa panjang langkahku."

-NFW-

Gembok dan Eropa

Saat berjalan-jalan di Eropa, aku suka memperhatikan hal-hal kecil yang mungkin orang abaikan, tapi bagiku adalah hal yang menarik dan terjadi bukan karena kebetulan. Contohnya, kenapa di Praha banyak suvenir berbau kucing? Kenapa cowok-cowok Spanyol itu tidak ada yang jelek? Kenapa huruf-huruf Yunani *engribet* (Angry Bird versi temanku si Butet), bentuknya keriting seperti simbol-simbol alfa beta, dapat ide dari mana mereka untuk menciptakan tulisan *abrakadabra* begitu? Masih banyak lagi, deh, yang lain lagi, tapi ada satu yang spesial karena sudah menjadi semacam konsensus bersama. Ini dia.

Aku *nggak* tau kenapa orang Eropa suka sekali menggembok hati mereka di tepi jembatan. Caranya? Mereka membeli gembok atau dengan sengaja membawanya dari rumah. Bentuk gemboknya bermacam-macam, mulai dari yang kecil imut hingga yang beratnya berkilo-kilo. Niat sekali, deh, pokoknya! Kemudian mereka akan menuliskan inisial nama mereka dan pasangannya di gembok itu, misalnya "*Febri LOPE Afgan*" :p Yang paling simpel adalah menulis dengan spidol, tapi banyak juga yang begitu serius niatnya sampai-sampai memesan gembok dengan ukiran nama di atasnya. Bahkan, ada juga yang sampai menaruh borgol!

Kalau semua tulisan-tulisan itu dirasa sudah cukup, mereka akan memasang gembok itu pada kawat di tepi jembatan. Selesai itu, mungkin mereka berdoa, lalu kunci gemboknya dibuang ke sungai. Katanya, dengan cara itu artinya mereka telah mengunci hati mereka dan pasangan agar bisa terus bersama. Jadi, mungkin kalau nanti suatu hari mau putus, harus cari kuncinya dulu di bawah sungai sana, *hehehe*...

Aku menemukan budaya ini paling tidak di Italia (Florence), Jerman (Cologne/Koln), Hungaria (Budapest), dan Prancis (Paris). Selain di empat negara itu, mungkin di negara-negara lain yang kukunjungi juga ada, cuma mungkin terlewat dari jepretan kameraku. Dari semuanya, yang menurutku paling spesial itu adalah deretan gembok di Cologne, Jerman. Di dekat katedral yang sangat besar, ada sebuah jembatan panjang. Sepanjang jembatan, sepanjang mata memandang, area itu penuh dengan gembok warna-warni. Luar biasa! Jumlahnya mungkin ada ribuan. Aku sampai lelah menebak, siapa yang kira-kira memulai kebiasaan itu untuk pertama kali? Coba, kamu ada dugaan siapa orangnya? Mari kita analisis! Aku rasa yang memasang pertama kali itu adalah seorang penjual gembok karena itu adalah ide bisnis yang brilian! Setelah strateginya itu berhasil, dia hanya cukup berjualan gembok di emperan jalan itu saja, pasti laku. Benar, tidak? *Hehehe*... Nah, ini dia barang buktinya, *gan*!

Gembok-gembok cinta di Florence, Italia.

Ini gembok cinta yang ada di Budapest, Hungaria.

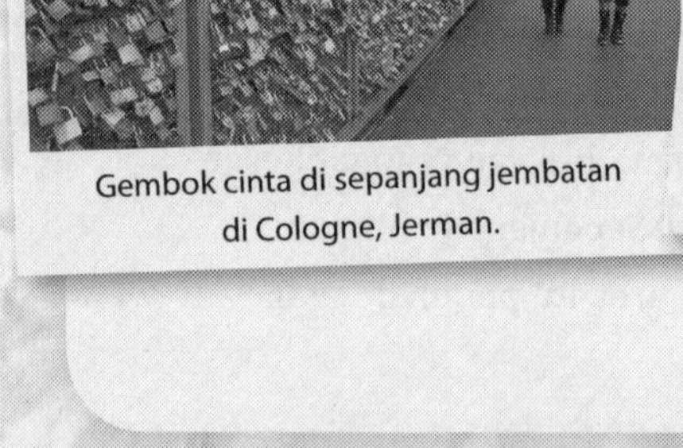

Gembok cinta di sepanjang jembatan di Cologne, Jerman.

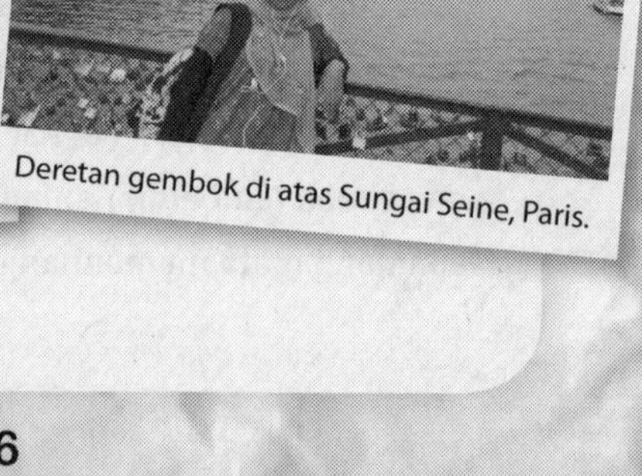

Deretan gembok di atas Sungai Seine, Paris.

Finally, the last is my favorite! Gembok yang menjadi saksi cinta antara orangtua dengan anak laki-lakinya. Tulisan yang tertera begini, "*I hope you will find love, my son.*" *Tuh,* kan! Romantis sekali, ya.

Merpati cinta, nih!

Hiks, terharu melihat tulisan di gembok ini. *Kenalin* saya dengan anaknya dong, Bu!

SWISS

Wer den Rappen nicht ehrt ist des Frankens nicht wert.
(Who doesn't honour the Rappen isn't worth the Franken).
Siapa yang tidak menghargai Rappen,
tidak berhak Franken!
*Rappen dan franc adalah nama mata uang Swiss.
100 rappen=1 Swiss franc

Sumber: http://www.interproverbs.co.uk/proverbs-other-countries/switzerland.html
dan http://en.wikipedia.org/wiki/Rappen

Kuburan di Swiss

Kalau kamu bertanya negara mana yang menjadi favoritku selama *traveling*, dari sisi keindahan alamnya akan kujawab, Swiss. *It was just like a paradise*! Begitu menjejakkan kaki di Swiss, aku merasa, WOW, suasananya benar-benar berbeda dengan negara Eropa lainnya. Lansekap alam yang begitu indah akan mengundangmu untuk mengeluarkan decak kagum spontan dan mengucapkan *subhanallah* berkali-kali.

Keindahan alam Swiss.

Jika perjalanan ke Inggris mengingatkanku akan bungkus snek yang ada gambar Double Deckernya, perjalanan ke Swiss mengingatkanku pada bungkus cokelat yang ada gambar pegunungan Alpennya.

Dalam perjalanan *tour Europe* pada musim panas 2011, kami menginap di sebuah desa tenang bernama Lauterbrunnen yang letaknya entah setengah atau dua

Bersama teman-teman dari Filipina di depan hotel.

per tiga dari ketinggian gunung. Dari situ, aku dan rombongan tur berencana untuk menuju Jungfraujoch, titik tertinggi di Eropa. *Hmm*, penasaran dong bagaimana pemandangan dari titik tertinggi di Eropa? ;)

Baiklah, sekarang diawali dengan cerita mengenai tempat kami menginap dulu, ya. Namanya Hotel Schützen. Hotel ini dikelilingi pemandangan gunung yang berwarna putih, tebing tinggi, air terjun kecil yang mengalir deras pada sisinya, hamparan rumput hijau bersih, perumahan yang apik, dan pohon-pohon cemara serta pinus yang indah. *Damn, it was sooo beautiful!*

Keindahan itu membuatku ingin menghirup udaranya sedalam mungkin, dan meneguk air yang mengalir dari pegunungan sepuas-puasnya. Air di Swiss, baik yang berasal langsung dari gunung maupun dari keran, adalah air alam yang paling segar menurutku. Kalah, deh, si merek air mineral paling top di Indonesia itu! Apalagi jika dibandingkan dengan air isi ulang itu, ya. :p

Rangkaian kereta yang akan lewat dan terlihat dari jendela kamar.

Penginapan ini letaknya dekat dengan jalur rel kereta, sehingga saat ada kereta yang akan lewat, kita bisa melihatnya dari kejauhan. *Uh*, serasa tengah berada di negeri dongeng, deh!

Kalau kita mencoba berjalan keluar penginapan, bersihnya jalan dan indahnya warna bunga akan membuat hati kita bahagia dan tersenyum dengan sendirinya. Suasana senja menjelang malam hari juga akan membuat terpesona. Dan, ah, rumah-rumah kayunya. Eksotis sekali! Oh ya, di Swiss ini kita memang akan menemukan hampir semua rumah terbuat dari kayu. Berbeda dengan Belanda yang rumah-rumahnya dibangun

dengan bata. Mungkin inilah sebabnya ketika berada di Swiss, aku merasa udaranya begitu sejuk dan *peaceful* sekali.

Oh, ada lagi, ketika kamu melihat kawanan sapi, entah itu yang warnanya belang hitam-putih seperti di iklan-iklan susu hingga sapi yang kurus kerempeng, semuanya tetap terlihat indah.

Lebih dahsyat dari itu, kuburan saja tampak indah, *Jack*! Terdengar *lebay banget*, ya. Tapi cobalah lihat sendiri dari foto yang ada di sini. Hijaunya rumput dan tatanan kuburan yang rapi justru bikin aku pengin berguling-guling di sana. :D

PS. Jadi, kenapa ya hantu di Indonesia serem-serem? Padahal hantu di luar negeri justru kelihatan imut-imut? Itu mungkin ada korelasinya dengan "rumah" alias kuburannya. Kuburan di Indonesia ini suasananya seram-seram, bukan? Bahkan, tak jarang kita mengenal hantu yang "rumah"nya di pohon (hantu *kere* maksudnya). Itu alasan mengapa hantunya pun seram dan compang-camping. Nah, coba bandingkan dengan kuburan yang ada di Swiss itu. Sejuk, bebas polusi, rapi. Jadi rasanya wajar kalau hantu di sana lebih "terawat", ya. *Hahaha*...

SWISS

Y'a pas le feu au lac.
(The lake is not on fire).
Hikmah: Santai saja, tidak perlu terburu-buru.

http://literatura-portugal.blogspot.com/2011/07/swiss-proverbs.html

Jungfraujoch: Top of Europe

Keindahan-keindahan yang aku ceritakan tadi belum cukup. Aku dan rombongan turku telah membayar cukup mahal untuk naik ke Jungfraujoch yang merupakan Top of Europe, alias titik tertinggi di Eropa. Oh ya, mata uang Swiss bukanlah euro karena Swiss bukan bagian dari European Union. Mereka memiliki mata uang sendiri bernama Swiss franc. Tampilan uangnya lucu, berwarna-warni cerah.

Swiss Franc ini mirip mata uang dalam permainan monopoli, ya!

Seluruh peserta tur ini sudah diberi tiket perjalanan masing-masing. Pagi-pagi kami sudah berada di stasiun untuk menunggu kereta menuju Jungfraujoch. Begitu keretanya tiba, ternyata itu bukan kereta super canggih. Penampakan keretanya sungguh biasa-biasa saja. Lebih mirip kereta kelas ekonomi di Eropa. Memang, keretanya juga dilengkapi dengan AC juga, alias Angin Cejuk yang berasal dari jendela yang bisa dibuka tutup.

Nongkrong sebentar di depan kereta Jungfrau.

Ketika berada di atas kereta itu dan menempuh perjalanan berjam-jam untuk mendaki gunung hingga ke Jungfraujoch, kamu *nggak* akan bisa tidur, deh! Bukan karena ada banyak penjual atau pengemis yang memenuhi lorong kereta seperti yang banyak terjadi di Indonesia, tapi karena pemandangan yang ada di luar jendela terlalu luar biasa untuk dilewatkan. Pohon-pohon pinus berjajar rimbun dan hijau, tebing-tebing yang menawan, rumah-rumah yang asri, kereta lain dengan bentuk yang tak kalah menarik. Dan ketika kereta semakin tinggi menanjak gunung, semakin tak sabar pula rasanya menunggu gunung-gunung putih berselimut salju muncul di samping kita.

Selama perjalanan itu, ada beberapa titik pemberhentian di mana kita bisa melihat keindahan pemandangan dari jarak sekian ribu kaki. Begitu sampai di bagian paling atas, rasanya seperti berada di planet lain. Semuanya putih!

Horeee, Jungfraujoch!! Titik tertinggi di Eropa!!

Sekali lagi, saljunya putih sekali. Ada satu hal yang *nggak* boleh kamu lupakan kalau mengunjungi ke tempat ini, yaitu kacamata hitam. Saking putihnya salju, mata rasanya *nggak* kuat untuk memandangnya di bawah pancaran sinar matahari. Silau sekali! Kak Odah saja sampai sengaja membeli kacamata hitam di sana karena kacamatanya ketinggalan. Melihat ketinggian dan salju yang memenuhi tempat itu, bisa dipastikan bahwa tempat ini benar-benar lokasi *wintersport* yang ideal. Banyak pengunjung yang melakukan *ice walking, ice skiing,* meluncur dengan ban, dan lainnya.

Jika kamu bertanya bagaimana perasaanku ketika berada di sana, aku akan menjawab, *hmm...serasa jadi orang kaya raya karena bisa ada di situ*. Bisa melihat ada banyak orang yang bermain macam-macam olahraga salju, melihat helikopter terbang dari jarak dekat, atau sekadar duduk-

Flying fox di atas hamparan salju.

duduk di kursi sambil menikmati hangat mentari. Oh, ini indah sekali!

Selain bisa bermain hamparan salju putih itu, kita juga bisa masuk ke dalam Ice Palace, yaitu sebuah istana es. Tempat itu cukup keren. Isinya balok-balok es yang dibentuk menjadi bermacam-macam. Ada yang dibentuk menjadi binatang, rumah-rumahan, atau karakter-karakter kartun. Lumayan seru juga masuk ke dalam sana.

Suasana di dalam Ice Palace.

Anehnya, entah kenapa di tempat tertinggi ini ada begitu banyak bendera Amerika. Aku melihat bendera ini paling tidak ada di dua tempat utama. Yang pertama adalah di anjungan di mana seluruh pengunjung bisa keluar dan melihat ke bawah. Kemudian, satu lagi ada di dalam Ice Palace. Ada yang tahu kenapa?

Berlatar bendera US dan Swiss.

Nah, bagi kami yang tidak begitu paham bagaimana cara melakukan *wintersport,*

tentunya perjalanan ke sana hanya sekadar untuk *sightseeing*. Beda dengan teman-teman bule yang langsung menyewa peralatan ski atau permainan lainnya. Setelah puas melihat keajaiban yang ada di tempat ini, kami pulang dengan naik kereta lagi. Di tengah perjalanan pulang dari puncak Jungfraujoch, pemandangannya luar biasa indah! Aku selalu mengagumi gunung-gunung es itu.

Sampai *merem-merem melek*, nih, menikmatinya. ;)

Oh ya, kalau suatu saat kamu ke sini, jangan lewatkan untuk mencoba es krim yang *ueeenaakkk tenann*, ya! Tidak usah sebut merek, ya, kita sebut aja es krim Mövenpick (*halah*!). *Slurrpp*.... Itu es krim terenak didunia setelah gelato yang ada di sebuah toko di Italia.

Setelah menghabiskan 2 hari di Swiss, rombongan kami bergerak meninggalkan Swiss. Sebelum keluar dari negara Swiss menuju Milan, Italia, ada hal luar biasa lagi yang kami lewati, yaitu salah satu *highway* tertinggi di Eropa. Kami benar-benar berada hampir di atas puncak gunung. Wow, fantastis!!! Penasaran pengin melihatnya, bukan? Tahan sampai halaman terakhir, ya! ;)

***

INGGRIS

A stitch in time saves nine.

(Act early and you can save a lot of time).

Hikmah: Jangan suka menunda-nunda sesuatu.

Sumber: http://www.woodlands-junior.kent.sch.uk/customs/sayings.html

London and Wimbledon

Nah, sekarang tentang sebuah kota yang diimpi-impikan banyak orang untuk bisa menjejakkan kaki di sana. London! Sebuah kota yang mengingatkanku pada bungkus snek Double Decker yang sering kulihat ketika aku masih kecil. Di London inilah aku bisa melihat bus merah dua tingkat itu. *Yuhuu, keren banget!* Sayangnya, ada sesuatu yang kurang. Semua bus Double Decker yang kulihat di London itu tidak ada yang memiliki mata dan mulut. Beda dengan gambar yang ada di bungkus snek itu, deh! :p

Aku pergi ke London bersama Kak Odah, seorang kakak dari Malaysia kenalanku saat aku shalat di Masjidil Haram tahun 2006 silam. Dengan bus Eurolines (lagi-lagi aku memilih naik bus ini karena inilah pilihan paling manusiawi bagi dompetku), kami berangkat dari Den Haag pada malam hari, dan tiba di Stasiun Victoria pada pagi-pagi sekali keesokan harinya. Aku ingat, biaya perjalanan itu hanya sekitar 20 euro atau sekitar 240 ribu, murah sekali, bukan? Tapi biaya mengurus visa berkunjung ke sana justru mahal. Aku menghabiskan biaya 10 kali lipatnya, atau sekitar 200 euro hanya untuk mendapatkan visa. Gila, memang! Sebenarnya biaya visanya tidak sampai 100 euro. Masalahnya adalah kantor tempat melamar visa saat waktu itu tidak ada di Belanda. Lokasi yang terdekat ada di Düsseldorf, Jerman. Jadi, aku terpaksa harus naik kereta dan menginap dulu di sana agar bisa menyelesaikan urusan visa pagi-pagi. *Fiuh*, padahal aku hanya berencana jalan-jalan selama 2 malam di London sebelum memulai *Europe trip*-ku bersama Kak Odah.

Sesampainya di London, kami menginap di sebuah hostel bertarif murah, hanya sekitar 10 *poundsterling,* atau kurang dari 150 ribu, letaknya di pinggiran kota London. Tarif itu sudah termasuk murah untuk ukuran London. Untungnya, ternyata hostel itu cukup bagus dan nyaman untuk tarif semurah itu. Meski 1 kamar dihuni oleh 10 orang, namun kamarnya terasa luas. Pernah pada suatu malam ada teman sekamar yang menangis tersedu-sedu, mungkin sedang galau karena putus cinta. Kak Odah yang tidur tepat di atasnya (maksudnya di tingkat atasnya) sampai melongok ke bawah dan menanyai cewek itu. *"Sshh are you okay?"* Aku *nggak* mendengar jawaban dari cewek itu. Mungkin dia mengangguk karena kemudian suaranya mengecil, terisak, tapi dia berusaha diam. Kemudian setelah itu tenang. Hore, rupanya Kak Odah berhasil menenangkannya!

.... (Tenang)

Huk huk hukk... sroot... (suara mengelap cairan yang keluar dari hidung)

Owweekkk... Waduh, ternyata dia mulai menangis lagi! *Arrghh*!!! Beginilah nasib sekamar dengan 10 orang lainnya!

Keesokan hari dan lusanya, kami berjalan-jalan di pusat kota London. Kami juga mencoba mencicipi kentang goreng ala Inggris. Sumpah, ya, pantas saja orang Inggris jadi banyak yang gendut, bahkan negara itu dikenal memiliki problem obesitas yang cukup parah. Jadi begini, waktu itu aku ingin membeli kentang goreng. Karena berniat untuk makan berdua dengan kak Odah, aku pun memesan sebungkus kentang ukuran L. Saat kentangnya disodorkan padaku, mukaku langsung berubah kaget. Aku pikir hanya akan diberi *french fries* ukuran biasa, seperti yang biasa kita dapat bila membeli di makanan cepat saji itu. Tapi ternyata, ya ampun! Aku diberi kentang sekilo deh sepertinya. Besar dan berat sekali!

Meski cuma dua hari berada di London, rasanya cukup puas juga aku dan Kak Odah menikmati jalan-jalan kami itu. Lumayanlah, kami bisa melihat Istana Buckingham, Gedung Parlemen Inggris, Big Ben yang terkenal, Westminster Abbey, Wembley Stadium, Royal Albert Hall (tempat konsernya Siti Nurhaliza, salah sat penyanyi favoritku). Oh ya, ada yang menarik dengan suasana dan tampilan bangunan sekolah yang ada di kawasan Westminster

(WestMinster School). Aku teringat pada Harry Potter saat melihat para murid di sana, apalagi saat melihat seragam para guru yang berjubah.

Aku juga sempat mencoba naik London Eye (bianglala raksasa yang ada di tepi sungai), plus menonton atraksi 4D selama 10 menit sebelum naik bianglala. Atraksi 4D itu kurang lebih mirip seperti menonton 3D, tapi ditambah dengan butiran-butiran putih yang turun untuk menggambarkan salju, atau cipratan-cipratan uap air saat mereka menggambarkan hujan. Seru, deh, pokoknya! Dari sana, kami melanjutkan perjalanan ke Wimbledon.

Jubahnya lucu! ☺

Curi-curi foto bersama "Harry Potter".

Ngomong-ngomong soal Wimbledon, ketika kami ke sana bertepatan dengan berlangsungnya acara final Wimbledon Tennis Championship. Kami ingin sekali pergi ke sana. Minimal agar bisa melihat stadionnya. Siapa tahu bisa bertemu Maria Eva, eh, Maria Sharapova yang sedang latihan teriak-teriak melenguh (bagian dari strateginya untuk mengganggu konsentrasi lawan) di luar stadion. *Haha, nggak* mungkin *banget*, ya!

Yah, meskipun status *kere* ini sudah jadi takdir, kami tetap bertekad untuk bisa menjadi bagian dari gegap gempita turnamen tenis tertua di dunia itu. Untungnya Wimbledon masih masuk dalam area *ring* tiket kami. Wah, London didatangi banyak orang karena *event* dunia itu. Kereta menuju Wimbledon penuh sesak layaknya kereta ekonomi jurusan Bogor. Benar-benar kereta tersesak di Eropa yang pernah kunaiki! Uniknya, halte stasiun Wimbledon dihiasi dengan segala sesuatu berbau tenis. Lantainya bahkan sampai diberi karpet berwarna hijau. Keren, deh! Serasa jadi pengin *ngaso* di situ. :p

Dari sana, kami naik bus Double Decker yang sengaja dioperasikan untuk menjemput para pengunjung ke stadion tenis Wimbledon. Kami membayar masing-masing 2 poundsterling untuk bisa naik bus ini.

Sesampainya di Wimbledon, kami langsung berjalan-jalan kemudian bergabung dengan banyak orang yang ingin menyaksikan pertandingan. Wih, pengin *banget* rasanya masuk. Tapi tiket masuknya mahal, *bo*! Mengingat perjalanan masih panjang, kami putuskan bahwa kami cukup berfoto-foto di depan pagarnya saja. Itu saja sudah membuat kami merasa puas dan bersyukur. Alhamdulillah. :D Yang penting ada tulisannya, WIMBLEDON! *Hehehe...*

Double Decker khusus untuk ke Wimbledon.

Setelah puas meratapi stadion tenis dengan pandangan merana, kami sepakat

untuk pulang. Kami berjalan keluar area pertandingan tersebut, menyusuri jalan menuju stasiun kereta. Tapi sebelum pulang ke hostel, Kakak ingin shalat di Masjid London, yang tadi sempat kami lihat ada plang penunjuk jalannya di dekat stasiun Wimbledon. Dia memang punya semangat tinggi untuk mencicipi rasanya shalat di masjid-masjid yang ada di Eropa. Maka, dari stadion Wimbledon kami pun berjalan kaki dan mencari-cari masjid tersebut.

Jalanan di kota itu sungguh indah dengan rumah-rumah yang tertata rapi di kiri-kanannya. Sudah agak jauh kami berjalan namun masjid yang dicari belum juga ketemu. Kami malah menemukan taman hijau yang cukup luas. Kami duduk di situ sebentar, di atas hamparan rumput hijau di bawah pepohonan sambil menyantap makan siang kami. Sepi sekali. Ingin bertanya tentang lokasi masjid, tapi tidak tahu mau bertanya kepada siapa. Masa iya harus bertanya pada rumput yang bergoyang? :p

(Bersambung ke... cerita berikutnya)

INGGRIS

Every cloud has a silver lining.
Selalu ada kebaikan dalam kesulitan.

Sumber: http://www.woodlands-junior.kent.sch.uk/customs/sayings.html

Nyasar ke Masjid Ahmadiyah

Setelah perut lumayan terisi, kami segera melanjutkan perjalanan. Kami bertemu dengan beberapa orang di jalan. Mereka sempat memberitahukan arah menuju masjid. Tapi kenapa mereka menjawabnya seperti agak bingung, ya? Kami jadi ikut bingung juga, deh! Beberapa orang yang kami tanyai selalu berbeda-beda jawabannya. Ada yang menjawab lokasinya jauh, ada yang menjawab sudah dekat. Ada yang memperhatikan kami baik-baik dulu baru menjawab. Ada yang balik bertanya dulu, mau ke masjid mana? Lho, ini ada apa, sih? Cuma mau shalat saja tapi kok *ribet banget*??! Kami sempat masuk ke toko yang berbau Arab, cuma untuk bertanya dan memastikan di mana sebenarnya lokasi masjidnya. Sang pemilik memberikan petunjuk, belok sana belok sini. Uh, pusing! Kalau saja saat itu Ayu Ting-ting sudah *ngetop*, pasti aku bakal langsung bernyanyi. *Di mana... di mana... di mana...*

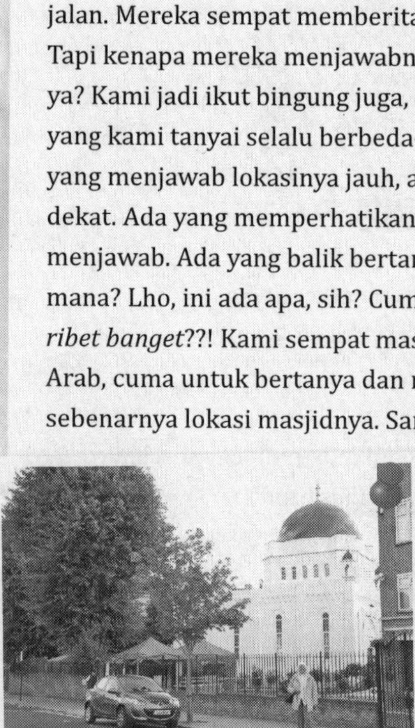

Penampakan masjid dari luar.

Setelah lama berjalan hingga langkah-langkah kaki menjadi gontai, akhirnya kami melihat kubah itu. Hore, Alhamdulillah ketemu juga masjidnya! Senang sekali rasanya meskipun bentuknya tidak seperti bayangan kami tentang Masjid London. Seharusnya, kan, besar seperti masjid Istiqlal, tapi ini kok lebih mirip pesantren. Kami menuju bagian depan pagar. Ternyata masjid ini dijaga ketat sekali. Pagarnya dikunci dan ada penjaga yang berjaga di sana. Mereka bertampang Arab, bukan bule. *Shollu... shollu*, kata si Kakak pake bahasa Arab sekadarnya. Mereka memperhatikan kami lagi dengan ragu. *Jamaah apa,* katanya. Hah? Kok? *Ada yang aneh, kenapa juga ada acara ditanya jamaah apa. Kami muslim dan kami ingin shalat. Itu saja,* pikirku. Kemudian Kakak mengatakan bahwa kami adalah musafir. Setelah para penjaga itu berdiskusi, akhirnya mereka mengizinkan kami masuk. Syukurlah.

Bangunan masjid dan sekitarnya tampak indah karena banyak dihiasi bunga, bersih, dan rapi. Ya ampun, masjidnya mungil sekali tapi cantik. Kurang lebih seperti aku, deh... (yang *nggak* rela dengan pernyataan ini, silakan berhenti membaca. *Hahaha*!).

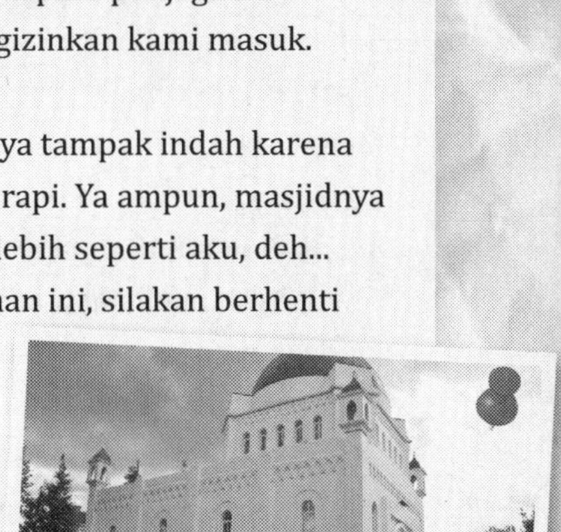

Sambil ditunjukkan jalan menuju ruang wudu, aku memperhatikan sekitar. Aku melihat ada laki-laki yang menunjukkan jalan, lalu masih ada pula teman-temannya yang lain. Mereka serius

Nama lainnya adalah Fazl Mosque.

sekali. Masa di lingkungan masjid saja harus berkomunikasi dengan HT, lalu menggunakan baju hitam-hitam layaknya satgas. Kemudian, sempat terbaca olehku tulisan di dinding bangunan masjid. *Bla bla bla AHMADIYYA*... Bangunan masjid pertama di London, didirikan pada tahun 1924. *Glek!! Pantesaaaannn...*

Sampai di tempat wudu, kami berwudu di dalam tempat itu. Merasa sudah aman, aku sempat berbisik kepada si Kakak. *Kak, ini masjid Ahmadiyah.* Kakak hanya diam saja, entah apa yang dipikirkannya, padahal aku begitu *excited.* Rasanya seperti sedang menjadi detektif Conan. Begitu kami keluar dari tempat wudu, si satgas tadi cepat-cepat masuk ke dalam. Mungkin dia mengecek kondisi dan situasi setelah kami pakai tadi. Apa, dikira kami menaruh bom, ya? Duh, *nggak* di Indonesia, *nggak* di London, rupanya hubungan antara Sunni dengan Ahmadiyah memang tidak akur.

Saat akan melangkah masuk ke dalam masjid, ternyata Kakak sudah duluan. Di muka pintu jalur perempuan, aku sempat berpapasan dengan seorang perempuan paruh baya. Dia memperkenalkan diri sebagai istri Amir masjid itu. Dia bertanya dari mana asalku, lalu kujawab dengan bangga, Indonesia. Ibu itu kemudian memelukku dengan hangat. Dia lalu memuji Indonesia.

Selamat datang. Saya suka Indonesia. Ibu Presiden

kalian beberapa tahun lalu sempat berkunjung ke sini, katanya. *Wah, hebat juga Ibu Mega sudah pernah mampir ke sini*, pikirku.

Bagaimana kabarnya Ibu Presiden? Titip salam untuk beliau, katanya lagi.

Heh, kayak gue kenal dekat aja ama Presiden.

Ibu Presiden? Emm... Baik-baik saja, Bu, kataku bingung. Dia terus berceloteh tentang ibu presiden Indonesia yang pernah datang ke situ dan tampak sangat terkesan dengan masjid itu. Aku jadi gundah gulana, ini siapa sebenarnya yang dimaksud??! Apa benar Ibu Megawati?

Ibu Megawati, bukan, Bu? tanyaku.

Bukan, katanya. *Lha*, bukannya presiden perempuan kita cuma satu? Lalu, siapa yang dimaksud, ya? Aku jadi tambah bingung. Oh, akhirnya aku tahu. Ini pasti maksudnya adalah istri Pak Beye.

Ummm, bukan Ibu Megawati berarti Ibu Ani Yudhoyono, ya, Bu? tanyaku penasaran.

No... No... Dia bilang bukan juga. *Jiah, siapa lagi ya? Ibu Ainun?? Bu Gus Dur?*

Kartini, dia suka sekali di sini, jawabnya. *Gubraggg*! Siapa pula itu ibu presiden Kartini?

(Sampai sekarang, aku masih berpikir bahwa mungkin Kartini adalah nama pemimpin perempuan jamaah Ahmadiyah yang ada di Indonesia. Ada yang tahu, *nggak*?).

Ah, daripada kelihatan bodoh di depannya, aku cepat-cepat pamit untuk shalat. Untungnya beliau pun mempersilakanku. Di dalam masjid yang kebetulan kosong karena memang bukan jadwal shalat itu, aku sempat memperhatikan sekeliling. *Hmm*, masjid ini tampaknya biasa saja. Aku melihat-lihat kertas yang tertempel di dinding masjid, mencari-cari hal yang aneh. Tak ada hal aneh yang kutemukan. Tulisan yang tertempel di dinding sama saja dengan masjid-masjid lain. *Silent your mobile phone.*

Cara shalatnya pun aku yakin sama. Tapi, karena kejadian hari itu, salah masuk masjid yang membuat mereka mencurigai kami, obrolan dengan ibu tadi, sempat menggelitikku. Ada sedikit rasa khawatir saat keluar nanti kami akan diperlakukan tidak baik, karena kami bukan jamaahnya. Aku berdoa agar Allah melindungi kami. *Jangan sampai kami tidak bisa balik ke hostel, ya Allah.*

Alhamdulillah, begitu keluar, mereka tampak lebih rileks. Mereka sudah yakin bahwa kami datang hanya untuk sekadar *numpang* shalat. Bukan untuk menaruh bom, *hehehe*... Kami menyempatkan diri berfoto sejenak di depan masjidnya. Para penjaga itu bahkan tertawa senang. Kami juga diantar sampai depan pagar sambil diberitahu jalan pulang menuju halte bus.

Wiihh, leganya! Pengalaman pertama masuk masjid Ahmadiyah. Mendebarkan, dan *nggak* tanggung-tanggung, di LONDON! *Haha... Peace, Bro!!*

PRANCIS

Vive la difference.
Berbahagialah atas perbedaan.

Sumber: http://en.wikiquote.org/wiki/French_proverbs

Keindahan vs. "Kejelekan" Paris

Setelah bertemu dengan rombongan tur di London, kami berangkat menuju Paris dengan bus. Wah, ini dia kota yang rasanya paling diidamkan orang sedunia untuk bisa dikunjungi. Ada Museum Louvre yang menyimpan rahasia senyuman Monalisa, ada Menara Eiffel yang menjadi lambang film cinta, ada Notre Dame Cathedral yang terkenal berarstitektur *gothic*, ada Universitas Sorbonne, Arc de Triomphe, dan masih banyak lagi. Ah, dan jangan lupa, ada Sungai Seine yang romantis juga di sana.

Semoga burung ini *nggak* buang kotoran. ;)

Bercerita tentang keindahan Paris rasanya sudah tidak asing lagi. Hampir semua orang sudah tahu dan pernah mendengar tentang keindahan Paris—meski mungkin sebenarnya hanya membayangkan Menara Eiffel saja. :p Tapi sepertinya belum banyak yang tahu bahwa menara tersebut dinamakan Eiffel sesuai dengan nama arsiteknya, Pak Eiffel. Kalaupun sudah banyak yang tahu itu dibangun oleh Pak Eiffel, pasti cuma sedikit sekali yang tahu bagaimana wajah Pak Eiffel. Dari sedikit sekali yang tahu rupa Pak Eiffel, mungkin cuma aku yang tahu bagaimana reaksi Pak Eiffel kalau kepalanya diinjak burung. *Hihihi*...

Membayangkan kota ini saja sudah indah, apalagi bila bisa melihatnya secara langsung. Jadi, daripada buang-buang energi menceritakan keindahan Paris, lebih baik aku menceritakan "kejelekan" Paris, *hehehe*...

Ya, Paris memang kota yang indah. Tak hanya itu, orang-orang di Paris juga dikenal sebagai orang yang romantis. Tapi, ada sebuah kejadian yang meninggalkan cap agak negatif pada orang Prancis, khususnya pelayan restorannya. Tidak bermaksud menggeneralisir, ya. Mungkin sebenarnya masih banyak pelayan restoran yang baik, hanya saja mungkin saat itu aku memang sedang apes saja.

Suatu siang sebelum silaturahim ke rumah Tante Mona (alias Museum Louvre), aku, Kak Odah, dan beberapa teman dari Filipina yang tergabung dalam tur yang sama, pergi mencari makan siang. Setelah bersusah payah mencari restoran, akhirnya kami mendapatkan restoran yang sepertinya harganya cukup terjangkau di kawasan pertokoan tersebut. Kami masuk dan menempati sebuah meja panjang di bagian belakang dengan sangat kelaparan. Seorang pelayan perempuan mendekati kami, menyapa, dan bersiap-siap dengan pulpen di tangan, hendak mencatat pesanan kami.

Setelah memperhatikan menu *bilingual* (ditulis dalam bahasa Prancis dan Inggris) satu per satu, akhirnya kami memesan makanan, *bla bla bla*. Si pelayan sibuk mencatat pesanan kami. Kemudian dia bertanya, *drink*? Kak Odah memesan air mineral, sementara aku dan beberapa teman yang lain memesan yang gampang saja, *Coke please!*

Agak lama kami menunggu hingga akhirnya makanan itu muncul. *Hmm, looks yummy*... (persepsi orang kelaparan). Tak lama kemudian, minuman kami juga sampai. *Hahhh*??? Kami syok melihat minuman yang datang. Bayangkan saja, Coca Cola dengan gelas kaca hampir segede galon air mineral besar itu (berlebihan memang, tapi paham, kan, maksudku? *Gede*!). Isinya mungkin tiga atau empat kaleng *coke*. Aku langsung mengambil menu dan melihat harganya. *Walah*, hampir 9 euro, alias 100 ribu lebih! Gilaa! Padahal yang gelas kecil harganya *nggak* sampai 3 euro. Sadis!

Kami *nggak* terima begitu saja, dong. Kami panggil kembali si pelayan. Curang, masa dia menyajikan pesanan tanpa bertanya *size* apa yang kami inginkan. Padahal ada pilihan *size small* dan *medium,* yang harganya jauh lebih murah. Tapi dengan liciknya dia langsung menyajikan Coke gelas super besar. *Mbak, Mbak... Maaf, tapi kayaknya kami tadi nggak pesan Coke segede ini, deh,* kami menjelaskan keberatan kami dalam bahasa Inggris. Namun reaksinya benar-benar di luar dugaan kami. Dia langsung berlagak *culun,* sok tidak tahu, dan yang paling menakjubkan adalah tiba-tiba dia tidak bisa bahasa Inggris! *Duengg*!!! Padahal tadi di awal dia menyapa kami dalam bahasa Inggris, menulis pesanan juga dalam bahasa Inggris. Kok tiba-tiba bisa amnesia begitu?? Jelas sekali dia *nggak* mau menanggapi keluhan kami dengan pura-pura *nggak* mengerti apa yang kami omongkan. *Grrrrr!!!* Bikin *gondok*, kan...

Gondok kedua adalah ketika harus susah payah antre panjang, membayar mahal, *celingukan* ke sana kemari hanya untuk bertemu dengan lukisan Monalisa yang terkenal seantero jagat raya. Eh, ternyata begitu sudah ketemu, lukisan itu ternyata ukurannya cuma *seuprit, nggak* lebih dari ukuran kalender dinding! Apa mungkin Leonardo saat melukis itu sedang kehabisan kanvas, ya? Selain ukurannya yang mungil itu, aku juga bingung di mana letak keistimewaan lukisan itu? (Dasar *nggak* berbakat jadi kurator lukisan!). Perasaanku, si Tante Mona itu disebut cantik *banget* juga *nggak*, tapi mungkin uniknya di situ, ya? Lukisan wanita cantik dan seksi kan sudah biasa. Nah, kalau yang dilukis wanita yang biasa-biasa saja, jadinya malah luar biasa. Aku sempat juga mencoba melihat lukisan ini dari sisi kiri dan kanan, karena dengar-dengar Monalisa itu kalau dilihat dari sisi yang berbeda akan tampak seperti cowok. Tapi, lagi-lagi aku belum beruntung, Tante Mona tampak begitu-begitu saja, tetap seorang perempuan dengan senyumnya yang angker.

Oh, tapi ada hal yang sangat manis yang sangat kusukai dari kota Paris ini. Karena aku seorang pecinta sungai, aku bahagia sekali karena bisa menyusuri Sungai Seine yang beraroma romantis (entah mencium

Lukisan Monalisa di Museum Louvre.

dari arah mana, *haha*...). Banyak jembatan megah yang menghubungkan kedua bagian tepian sungai.

Orang-orang duduk di tepi sungai sambil menikmati kesendirian atau tertawa bersama sahabat. Rasanya nyaman sekali melihatnya. Dan, oh, yang paling membuatku bangga adalah, kota ini, *hiks*... aku terharu...menorehkan huruf N di jembatan-jembatan megah yang bersejarah itu. Aku *nggak* menyangka demikian besar penghargaan orang Prancis padaku sampai inisial namaku ada di sana. (*wkwkwk*...sepertinya kalau Napoleon masih hidup, aku bakal dirajam, nih!).

Bermain sambil menyusuri Sungai Seine.

Keindahan Sungai Seine dan bangunan megah di Paris.

Lalu, melihat menara Eiffel pada malam hari itu rasanya, *whew*! *Mantep pisan!* Gemerlap kelap-kelip lampunya keren sekali! Ada ribuan pasang mata yang menontonnya, kebanyakan pasangan yang sambil berpelukan. Pemandangan romantis ini kurang tepat bagi mereka yang *jomblo*, karena berisiko tinggi bisa membuat

Ehem, lihat bagian yang dilingkari! ;)

mupeng! Ya, seperti nasibku malam itu. Maka, kugantungkan cita-cita baruku di puncak menara Eiffel. *Kalau sudah punya jodoh nanti, harus balik lagi ke sana dan memandang Eiffel di malam hari bersama pasanganku! ;)*

Lho, *by the way*, kenapa jadi *ngomongin* keindahan Paris lagi, ya? #%^! Ya, sepertinya inilah bukti keindahan Paris. Sudah bertekad hanya akan membicarakan aibnya, tapi ujung-ujungnya malah balik lagi menceritakan keindahannya. *Eiffel, I'm in love!*

Si jomblo dan Eiffel. :p

ITALIA

Val più la pratica della grammatical.
Pengalaman lebih penting daripada teori.

Source: http://www.interproverbs.co.uk/proverbs-other-countries/italy.html

17 Tahun ke Atas: Pompeii, Misteri yang Terkubur

Aku mengunjungi Italia dua kali. Yang pertama dengan teman-teman kuliahku, dan yang kedua bersama rombongan turku. Tur yang kuikuti bersama Kak Odah membawa kami ke tempat-tempat indah dan terkenal di Italia. Selain Roma, kami juga mengunjungi Florence, Pisa, Venice, dan...Pompeii. Sebuah kota yang pernah hilang dan terlupakan hingga hampir 1.700 tahun lamanya.

Mungkin ini bagian yang paling seram dalam buku ini. Pernahkah kamu mendengar cerita tentang Pompeii? Yang gemar membaca atau menonton karya Harun Yahya mungkin sudah tahu tentang kota penuh misteri ini. Nah, bagi yang belum tahu tentang Pompeii, ayo duduk yang manis! Mari kuceritakan hasil riset literatur dan observasiku ini.

Pada tanggal 24 Agustus tahun 79 M, bertepatan dengan perayaan dewa api Romawi, Gunung berapi Vesuvius menumpahkan debu panas dan batu-batuan dari perutnya hingga bermil-mil jaraknya selama 36 jam. Kota Pompeii yang terletak di kaki gunung Vesuvius dan berjarak 10 km dari gunung tersebut, tak luput dari kemarahan si Gunung Berapi. Dalam sekejap, Kota Pompeii terkubur debu vulkanik dan Lapili[3] hingga setinggi 6 m.

Pompeii dengan latar belakang Gunung Vesuvius.

Setelah ribuan tahun hilang tertimbun, pada abad ke-18, kota ini kembali ditemukan. Lebih dari 100 hektar berhasil digali. Para arkeolog menemukan bangunan publik, gudang penyimpanan, serta permukiman besar yang masih berdiri kokoh di situ. Tak hanya itu, ditemukan juga banyak karya seni berupa grafiti di dinding bangunan yang menceritakan kehidupan pada masa itu. Beberapa mayat yang kerangkanya terawetkan secara natural, ditambah dengan teknik injeksi plester—entah bagaimana caranya—sehingga bentuk utuh dari mayat itu masih bisa dilihat kembali. Betapa menakjubkannya bahwa manusia zaman sekarang masih bisa melihat wujud manusia yang pernah hidup ribuan tahun yang lalu dan ekspresi terakhirnya ketika menghadapi bencana itu.

Pompeii yang berada di dekat kota Napoli ini adalah kota yang terkenal pada masa kejayaan bangsa Romawi. Pompeii di masa lalu adalah kota yang sangat makmur, modern, dan maju. Hal itu terbukti dengan adanya pasar, toko-toko, kolam renang, taman bunga, toko gerabah, bar, bangunan bertingkat, dan lainnya. Pokoknya, *gemah ripah loh jinawi.*

---

[3] Bahan hasil letusan gunung api yang berupa butiran bergaris tengah 2–50mm, terdiri atas kepingan lava berongga yang kaku atau membundar (n Geo). Sumber: www.kamusbesar.com

Saat aku berkunjung ke Pompeii, aku bisa melihat sendiri keindahan dan kemajuan kota ini, untuk ukuran tahun 79 M. Pasar yang sudah mereka miliki, berbagai bangunan yang indah, patung hasil karya seni, amfiteater, batu-batuan besar sebagai permukaan jalan (bukan tanah lagi). Semuanya menunjukkan kejayaan mereka pada masa itu.

Permukaan jalan di Pompeii.

Ada beberapa hal menakjubkan yang kutemukan saat mengunjungi lokasi yang telah ditetapkan PBB sebagai warisan dunia ini. Pertama, saat membaui seksualitas di tempat ini. Aromanya terasa begitu kuat. Percaya, *nggak*, ada penis di mana-mana. Ya, penis! tapi bukan yang sungguhan, ya. Memang ada yang mau penisnya ditempel di bangunan?? Kalau *nggak* salah dengar, pemandu kami waktu itu menjelaskan bahwa penis dalam kebudayaan Romawi pada waktu itu dianggap sebagai simbol kesuburan. Itu sebabnya kita dengan mudah menemukan visualisasi penis di Kota Pompeii yang dulu berpenduduk sekitar 20.000 orang ini. Selain bisa dilihat pada patung tak bercelana

Amfiteater pada zaman itu.

dan relief maupun fresko[4], aku memotret setidaknya ada dua penis yang dipamerkan pada sebuah bangunan (bangunan apakah itu, aku tak tahu pasti, entah itu rumah hunian biasa atau rumah bordil). Yang satu bentuk penisnya tampak seperti relief, sementara pada bangunan yang satu lagi justru terlihat lebih jelas, seperti cetakan semen berbentuk penis yang kemudian ditempelkan pada dinding luar bangunan.

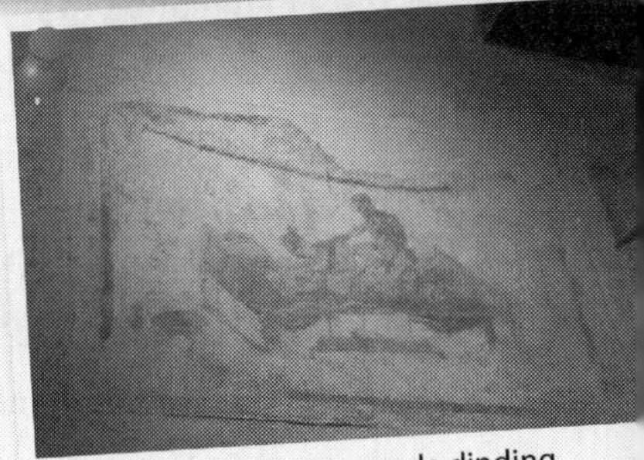

Contoh lukisan pada dinding rumah bordil di Pompeii.

Belum lagi ada rumah bordil yang berisi banyak lukisan bergambarkan aneka posisi dan gaya seks. Hetero, homo, *threesome*, pokoknya komplet! Dari temuan itu, kita bisa menyimpulkan bahwa kehidupan seksual bangsa Romawi kuno pada masa itu jauh lebih liberal dibanding pada masa setelahnya. Prostitusi nyatanya telah berjalan sejak dahulu kala, bahkan konon yang termurah di wilayah kerajaan Romawi ternyata berada di Pompeii!

---

[4] Teknik melukis pada dinding dengan menimpakan pigmen pada plester dinding yang baru dilapisi (selagi basah). Sumber: Wikipedia

Ada yang mengatakan bahwa Pompeii sebenarnya telah ditemukan 150 tahun lebih awal, namun karena banyaknya fresko-fresko erotis yang dianggap tidak sesuai dengan norma yang berlaku pada masa penemuannya, penemuan itu terpaksa dikubur kembali. Contohnya, fresko yang menggambarkan Priapus—dewa seks dan fertilitas dalam mitos Yunani yang memiliki penis super besar, super panjang, dan bisa terus ereksi—telah disembunyikan, diplester, hingga akhirnya ditemukan kembali pada tahun 1998. Pada masa yang lebih kini, sekitar tahun 1800-an, karena dianggap memalukan oleh Raja Francis I of Naples, fresko-fresko erotis tersebut dikunci dalam museum rahasia dan hanya diperlihatkan pada orang tertentu saja—hanya yang sudah dewasa dan bermoral baik.

Hal menakjubkan yang kedua adalah saat melihat wujud nyata orang-orang zaman dahulu yang menjadi korban letusan gunung berapi ini. Diceritakan, beberapa tahun sebelumnya, pada tahun 62 M, sebuah letusan hebat juga sudah pernah terjadi. Setelah letusan itu memorak-porandakan Pompeii, kawasan itu dibangun kembali dengan lebih megah dan lebih berseni. Namun, orang-orang Pompeii waktu itu bukannya tidak tahu masih ada bencana gunung meletus yang mengancam. Mereka sebetulnya sudah sangat familier dengan getaran-getaran. Getaran-getaran kecil sudah biasa mereka rasakan. Hanya saja, mereka tidak menyangka letusan pada tahun 79 itu akan begitu dahsyat dengan awan panas, debu, dan lapili yang mematikan. Menyaksikan rupa mayat yang diawetkan itu, rasanya miris sekali. Ada buncah perasaan di dalam hati yang aku tidak tahu apa namanya, terasa campur aduk emosiku saat melihat pemandangan mayat yang dipamerkan dalam kotak kaca itu.

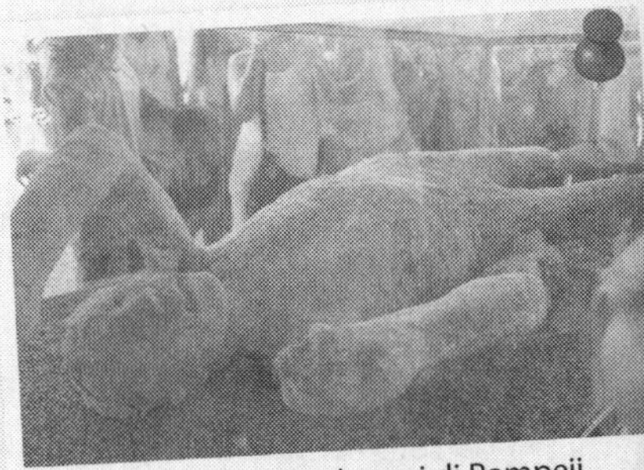

Korban gunung berapi di Pompeii ribuan tahun yang lalu.

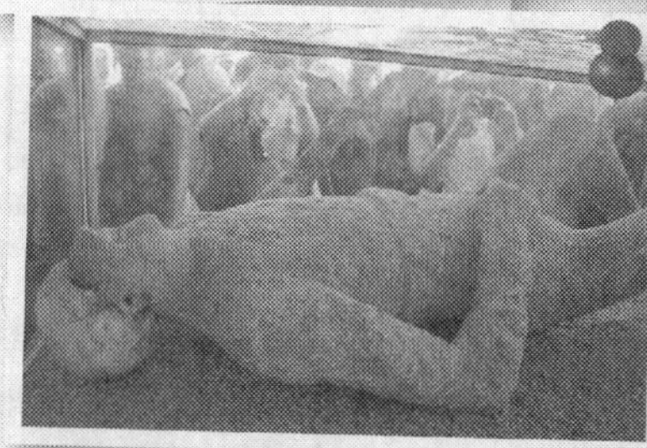

Tapi untungnya tidak semua pemandangan menimbulkan kesan negatif. Seperti halnya daerah yang berada di dekat gunung berapi, saat melihat pepohonan yang hijau dan rimbun di sepanjang jalan menuju puing reruntuhan—bahkan tanaman-tanaman hijau dalam area reruntuhan, kita akan tahu betapa suburnya tanah ini sekarang.

Kak Odah berpose dengan latar belakang suburnya tanaman di Pompeii.

Demikian cerita singkatku tentang Pompeii, sebuah kota yang pernah sangat maju bahkan di zaman yang sangat awal (kira-kira 500 tahun sebelum zamannya Nabi Muhammad), namun kemudian hilang terkubur lama sekali, sampai akhirnya karena kuasa Allah, Pompeii ditemukan kembali sebagai pelajaran bagi orang-orang yang hidup di kemudian hari. Aku tidak ingin memberikan penilaian apa-apa dari kisah ini. Biarlah pembaca yang menyimpulkan sendiri. Semoga kita semua bisa menarik hikmah positif dari peristiwa luar biasa ini.

Ada beberapa saran, nih. Kalau mau mengunjungi tempat ini, jangan lupa membawa payung atau apa saja yang bisa dipakai untuk melindungimu dari sengatan panas matahari. Berjalan di Pompeii ini sama dengan berjalan di reruntuhan atau puing-puing, jarang ada tempat berteduh. Jadi, sebisa mungkin, bawalah payung, *sunblock,* dan *sunglasses* tentunya.

Keran air di sepanjang tepi jalan di Pompeii.

Dan berhubung di sana juga tidak ada orang yang berjualan air dingin dalam gerobak seperti di Indonesia, membawa botol minum juga akan bermanfaat sekali. Kalau kehabisan air, ada keran-keran pengisian air di tepi-tepi jalan, yang bentuknya wajah orang Romawi. Unik, sih! Ada ukiran mata dan hidung. Nah, bagian mulutnya itulah yang dipakai sebagai keran. Lucu dan seram itu beda tipis, ya!

YUNANI

"Κάλλιοπέντεκαιστοχέρι, παράδέκακαικαρτέρι."
(It's better to have five in your hand,
than ten lurking elsewhere).
Hikmah: Lebih berharga mempunyai sedikit
yang sudah pasti daripada banyak tapi belum pasti.

Sumber: http://en.wikiquote.org/wiki/Greek_proverbs

Corfus Yunanis

Setelah mengunjungi Pompeii yang bersejarah, rombongan tur kami menaiki kapal feri menuju Pulau Corfu di Yunani. Dulu, sebelum aku mendapatkan beasiswa di Belanda, kalau kamu bertanya tentang negara mana yang tidak ingin kukunjungi, akan kujawab mantap, Yunani. Kenapa Yunani? Karena rasanya jauh sekali. Aku bahkan tidak tahu Yunani itu ada di benua mana. Dan yang kuketahui tentang Yunani hanyalah tentang dewa-dewi, dan, oh ya, Yunani juga pernah memenangkan Piala Eropa, *hehehe*... Nah, saat kuliah di Belanda, aku baru tahu kalau ternyata Yunani ada di Eropa. Alhamdulillah ternyata aku diberi rezeki untuk bisa mengunjunginya. Perjalananku memang tidak sampai ke Athena dan Acropolis, sih, tapi hanya ke Pulau Corfu yang ternyata lekat dengan mitologi Yunani.

Peta Pulau Corfu.

Jadi, diceritakan dalam legenda Yunani versi

Wikipedia, bahwa dewa laut Poseidon, jatuh cinta pada anak perempuan dari Asopos, dewa sungai, yang bernama Korkyra. Saking cintanya Poseidon dengan Korkyra, ia menculik Korkyra dan membawanya ke sebuah pulau yang saat itu belum ada namanya. Sebagai wujud rasa cinta Poseidon terhadap Korkyra, dia pun menamai pulau itu dengan nama Korkyra, yang lama-lama berubah menjadi Kerkyra, atau yang dalam bahasa Italia disebut Corfu.

Pantai di Pulau Corfu.

Bersama seorang teman rombongan tur dan Kak Odah.

Kapal yang kami naiki untuk menjelajahi pulau.

Itulah sekilas sejarah Pulau Corfu dan hubungannya dengan mitologi Yunani. Dalam kenyataannya, Corfu sampai awal abad ke-20 hanya dikunjungi oleh keluarga kerajaan Eropa dan para kaum elite benua tersebut. Seperti yang telah kuceritakan, salah satu kaum bangsawan yang pernah ke sana adalah Ratu Sisi dari Austria yang bahkan telah menjadikan Corfu sebagai salah satu tempat istirahat favoritnya. Hingga kini, pulau ini lebih banyak dikunjungi oleh para kaum elite dan keluarga menengah ke atas di Eropa.

Ketika kami datang ke pulau itu, saat itu sedang musim panas. Waduh, *summer* di Yunani ternyata menyiksa sekali! Super panas. Aku dan Kak Odah waktu itu sampai tidak mau keluar kamar seharian karena menunggu mataharinya redup. Luar biasa panasnya! Hal ini mungkin terjadi karena pulau ini dikelilingi pantai. Ternyata, saat kami berjalan keluar di sore hari, pulau ini justru terasa nyaman. Entah kenapa *feel*-nya berbeda sekali. Pulau ini tidak seperti Eropa pada umumnya. Masih banyak pohon dan tumbuhan yang tumbuh dengan bebas. Pohon zaitun alias *olive* termasuk komoditas utama di pulau ini. Di mana-mana mereka menjual *olive oil*, mulai dari toko suvenir hingga di restoran. Saat melihat menu di restoran, banyak sekali menu *seafood* seperti ikan-ikanan. Dan, cara memasaknya pun selalu sama, dengan *olive oil.*

Dari tepi pantai menuju ke pusat kota di pulau ini, kita harus menunggu bus yang datangnya lama sekali. Jeda antara satu bus dengan bus lain mungkin hampir satu jam. Entahlah, mungkin karena hari itu hari Minggu. Aku belum tahu pasti bagaimana kondisinya di hari lain, tapi yang jelas hampir saja aku dan Kak Odah menyerah menunggu di bawah terik matahari dan memilih kembali ke hotel. Butuh waktu sekitar 45 menit untuk sampai ke pusat kota. Setelah lelah berpanas ria untuk menuju pusat kota, kami menemukan hal yang membuat lemas. Hampir semua toko dan supermarket tutup! Kami agak kecewa (karena jadi *nggak* bisa *ngadem, hehehe).* Untunglah masih ada toko-toko suvenir yang buka. Kami pun lantas berburu suvenir. Dan, lagi-lagi, yang banyak dijual adalah aneka produk dari tumbuhan *olive*. Contohnya minyak, sabun, ukiran kayu, dan lain-lain.

Aku suka deretan bangunan ini, letaknya ada di pusat kota Pulau Corfu.

Ada dua hal yang menurutku menarik tentang Yunani ini. Pertama adalah bentuk tulisannya. Saat sedang duduk-duduk santai dan mataku menangkap tulisan bahasa Yunani, aku selalu berpikir betapa asingnya tulisan tersebut. Bagaimana cara membaca huruf-huruf yang seperti deretan simbol itu. Ada simbol *alpha, beta, omega*, lengkap! Apakah yang menciptakan huruf-huruf itu adalah para ilmuwan? *Hehehe...*

Indah, sih, sayang udaranya terlalu panas.

Yang kedua adalah aku menemukan bahwa ada satu huruf favorit di Yunani ini, yaitu huruf S (dan umumnya diletakkan di bagian paling belakang). Kok bisa? Oke, kita mulai dari nama-nama dewa dan tokoh penting dalam legenda Yunani, ya. Aku sebut satu per satu, Zeus, Asopos, Atlas, Archilles, Priapus, Prometheus, Hermes, Aris, dan masih banyak lagi. Lihat, selalu ada huruf S, bukan? Iseng-iseng, aku coba mencari nama-nama pemain nasional

Huruf Yunani pada tulisan yang ada dalam daftar menu.

sepakbola Yunani pada Piala Euro 2012 melalui halaman Google. Inilah daftar yang kudapat dari vivanews.com.

Yunani: *Chalkias; Torossidis, Papastathopoulos, A. Papadopoulos, Holebas; Maniatis, Katsouranis, Karagounis; Ninis, Gekas, Samaras*
Cadangan: *Tzorvas, Sifakis, Tzavellas, Malezas, K. Papadopoulos, Makos, Fotakis, Fortounis, Fetfatzidis, Liberopoulos,* ***Mitroglou****, Salpingidis*

Woww! 95 persen bagian ujung namanya memiliki huruf S! Hanya satu nama yang tidak menggunakan huruf S, yakni Akang Mitroglou. Oke, coba kita cek profilnya, mungkin dia pemain bayaran (*haha*, memangnya sepakbola Indonesia!). Kuketik... *Greece football player Mitroglou*... *Enter*... *Klik*! Muncul deretan barisan untuk diklik selanjutnya. Oke, buka baris yang pertama saja, karena pasti selalu Wikipedia. *Klik! Sim salabim!* Maka, keluarlah...

*Konstantinos "****Kostas****" Mitroglou...*
Arrghh...! S lagiiii...!!!

See? Jadi berdasarkan surveiku yang sangat ilmiah ini, aku menyimpulkan bahwa 100 persen nama orang Yunani, berakhir dengan huruf S (Febri, 2012). *Margin error* 100 persen, *hehehe*... *Anyway*, aku hanya berharap untuk tidak menemukan orang Yunani bernama *sadis, kudis,* atau *sipilis* suatu saat nanti.

Kembali ke perjalananku tadi, setelah menghabiskan 2

Kapal Sophocles.

malam di Yunani, kami berangkat menuju Venice dengan sebuah kapal besar yang mewah, ada eskalatornya, deretan tempat berbelanja, mesin ATM, bahkan ada kolam renangnya. Makanan di dalamnya pun ditulis dengan menu Yunani. Seingatku, paling tidak sekitar satu malam kami tidur di kapal itu sebelum akhirnya sampai di Venice, italia! Aku cepat-cepat turun, tak sabar untuk melihat indahnya Venice. Begitu turun, sambil menunggu teman-teman lainnya, aku duduk di tepi pelabuhan itu. Sambil mengamati orang-orang yang turun dari kapal, mataku memperhatikan lagi nama kapal yang tadi aku tumpangi. Dan, astaga! SOPHOCLES!!!

Keliling dunia itu seperti memberi makan pada mata dan hati. Ia bukan hanya akan memuaskan pandangan mata, tapi juga meluaskan hati.

-NFW-

Europe Tour: Mesin Pemotong Pohon

Bagian ini pasti akan membuat kalian iri sampai tidak bisa tidur. Kak Odah membayariku sebuah tur Eropa yang dimulai di London menuju Paris, Swiss, dan Italia. Ada beberapa kota di Italia yang kami kunjungi, yaitu Roma, Pisa, Florence, dan Pompeii. Kemudian, kami ke Corfu Island di Yunani dan menyelesaikan tur bersama di Venice, Italia. Hah? Kok bisa sampai dibayari? *Plis, nggak* perlu *misuh-misuh,* deh! Ini semua tergantung pada amal ibadah Anda, *hihihi.* Aku langsung mengatakan ya saat diminta menemaninya jalan-jalan di Eropa, tidak peduli dengan tesis yang seharusnya sudah kumulai. Godaan untuk jalan-jalan jauh lebih menggiurkan!

Pada akhir bulan Juni setelah kelas kuliahku berakhir, Kak Odah tiba di Belanda. Dia membawakanku rendang dan makanan-makanan lain dari Malaysia. *Cihuyy*! Sambil menyelesaikan *paper-paper* yang cukup menyiksa, aku membawa Kak Odah mengeksplorasi Belanda sebentar. Kami mengunjungi Kinderdijk, sebuah daerah tenang di mana kita bisa melihat kincir angin paling banyak, Rotterdam, dan Amsterdam. Kami tidak sempat berjalan-jalan ke banyak tempat di Belanda karena memang waktunya terlalu sempit. Kemudian, kami berdua berangkat ke London untuk memulai tur kami yang diselenggarakan oleh sebuah *travel agent* di London. Ini adalah untuk pertama kalinya aku mengikuti rombongan tur bersama yang di-*arrange* sebuah *travel agent*. Rasanya kalau di Indonesia, hanya orang kaya yang mampu mengikuti jalan-jalan bersama grup seperti ini.

Setelah dua hari menikmati kota London, di pagi hari yang cerah itu kami mendatangi *meeting point* yang mempertemukan kami dengan orang-orang yang akan berada dalam satu perjalanan. Luar biasa, ternyata ramai juga yang mendaftar dalam tur tersebut. Maklum saja, saat itu sedang liburan musim panas. Anggota rombongan kami berasal dari bermacam-macam negara, ada yang dari Afrika Selatan, Australia, New Zealand, Filipina, Inggris, Singapura, India, dan banyak lagi. *Kayaknya perjalanan ini bakalan seru, nih*, pikirku.

Meskipun peserta tur ini sangat internasional, tapi rupanya memang orang Asia lebih gampang berinteraksi dengan sesama Asia. Aku dan Kak Odah langsung berteman dekat dengan sesama *traveler* yang berasal dari Filipina dan Singapura. *Umm*, kadang-kadang kami juga dekat dengan seorang janda yang sudah lama menetap di Inggris namun berasal dari India, jadi intinya masih sama-sama dari Asia juga.

Oh ya, ini sedikit tip yang penting bagi kalian yang berminat mencoba ikut tur dalam kelompok. Pastikan kalian mendaftar bersama seseorang yang sudah kalian kenal. Misalnya, saat mendaftar, aku dan Kak Odah bersama-sama, sehingga saat panitia menyusun dan memilih teman sekamar, kami selalu diberikan kamar berdua, atau kalaupun ditambah dengan orang lain, kami tetap tidak dipisahkan.

Yang repot adalah teman-teman yang *solo traveler* atau bepergian sendiri. Begitu masuk ke dalam rombongan, mereka harus menerima, mau *nggak* mau untuk tidur bersama orang yang tidak dikenal. Kejadian heboh sempat terjadi dalam kelompok tur kami. Setelah malam-malam pertama dilewati, malam berikutnya mulai terjadi konflik. Seorang teman Filipina yang sudah lama tinggal di Nottingham protes kepada penyelenggara, kenapa dia dijatahi tidur sekamar dengan kawan dari India terus. Dia bahkan rela *upgrade* ke kamar *single* daripada harus berdua dengan si ibu India, katanya. Memang, sih, uang bukan masalah baginya, aku mengetahui hal itu saat dia membeli sebuah tas yang—sekali lagi *nggak* usah sebut merek, kita sebut saja *Lui Vittong—muahhhall* saat di Italia. Gila *banget*, dia mampu membeli satu tas seharga dua puluh *jeti* lebih! Asli *tajir*, *nih*, si Filipino. Tapi, pihak penyelenggara travel mengatakan tidak ada kamar kosong lagi yang tersedia bila dia ingin pindah. Dia pun *ngambek* sampai merajuk mau pulang.

Akhirnya, saat kami kumpul bersama sambil menikmati *dinner* dengan si Filipina dan kawan dari Singapura, gosip pun merebak, tentang apa yang menyebabkan kawan-kawan banyak yang menolak tidur sekamar dengan si ibu India ini. *Aku terpaksa tidur di koridor semalam, masa malam ini harus tidur sama dia lagi??* teriak si Filipina dengan aksen Nottingham Filipinonya. *Hah? Segitunya?* Masa sampai tidur di koridor hotel?? Aku *nggak* percaya. Memangnya kenapa, sih? Si cewek Singapura yang juga *solo traveler* dan sudah pernah tidur dengan si ibu India langsung *nimbrung* sambil bersumpah-sumpah. Aku dan Kak Odah jadi tergoda untuk ikut mendengarkan gosip, deh. *Kalian nggak tahu, sih, swear, soalnya dia ngoroknya kenceng bangettt, GRROOKK GRROOOK, kayak mesin pemotong pohon!!!* Aku pun langsung tertawa terbahak-bahak. Aku rasa aku tahu kenapa si ibu itu bercerai dengan suaminya. Mesin pemotong pohon, *hihihi*! *Ups*, ampun, Bu!

3 "F"antastic ways to reach your dreams fabulously: Focus, Fun, Fascinating.

-NFW-

Nginap Gratisss!

Kali ini aku akan berbagi tip hemat jalan-jalan di Eropa dari segi penginapan. Mencari hostel murah tidaklah sulit di Eropa, dengan 10–20 euro, atau sekitar 120 ribu ke atas, sebuah kasur lumayan empuk sudah siap untuk ditiduri, meskipun kita harus bersama dengan beberapa orang yang tidak dikenal dalam kamar yang sama. Itu kalau sedang sepi. Sayangnya, kalau sedang *peak season*, agak sulit menemukan hostel murah di Eropa. Tapiii, ada cara yang lebih murah hingga bisa gratis tis biaya penginapan. Caranya adalah dengan... nebeng! *Hah? Kok bisa??*

Impianku untuk menjejakkan kaki di Inggris sangat menggebu-gebu. Aku mengirit-irit uang beasiswaku, menabung untuk bisa pergi ke sana. Malangnya, pembuatan visa untuk ke Inggris sungguh tidak mudah dan tidak murah, *arrgh*! Seperti yang sudah kuceritakan sebelumnya, gara-gara tidak ada kantor perwakilan untuk mengurus visa UK di Belanda, aku harus ke Düsseldorf di Jerman untuk menyerahkan berkas asli dan menjalani proses wawancara. *Arrgh*!!! Tapi, mau bagaimana lagi, *nggak* ada pilihan lain.

Sekitar musim semi di tahun 2011, aku mengirimkan

aplikasi visa untuk ke UK, yang mengharuskan aku kemudian untuk datang ke Düsseldorf pada pagi hari. Konsekuensinya, selain mengeluarkan uang untuk biaya kereta cepat yang mahalnya amit-amit itu, aku juga harus menyiapkan uang untuk membayar penginapan di Düsseldorf. Nasiib!

Tapi kemudian, sebuah ide brilian melintas. Aku mulai membuka kembali sebuah situs yang pernah kuikuti. Bukan situs untuk cari jodoh, tapi situs yang mempertemukan komunitas *traveler*, namanya situs *couchsurfing*. Menjadi anggota dari komunitas ini berarti kamu siap menyediakan tempat tidur untuk tamu yang mungkin meminta bantuanmu, dan kamu boleh meminta bantuan mereka untuk memberimu tumpangan seandainya kamu ingin berkunjung ke kota mereka. Aha! *Let me try this.* Aku akan jadi kelinci percobaan bagi diriku sendiri, menjadi tamu *couchsurfing* pertama dalam hidupku, *hmmm*...

Aku mulai mensortir orang-orang yang menawarkan tempat di rumahnya untuk seorang gadis manis sepertiku. *Hm, yang ini oke juga, nih, kayaknya. Nah, yang ini lucu juga. Wiiihh, yang ini gantenggg! Yah, tapi kamarnya hanya satu, berarti harus tidur sekamar dengannya. Jangan, deh, daripada terjadi hal-hal yang diinginkan. Oke, cari ibu-ibu saja ya biar aman.* Satu per satu profil aku pelototi, mencari-cari siapa yang kiranya bisa memberikan tumpangan yang aman dan nyaman.

Setelah menemukan beberapa kandidat, semua orang yang mungkin bisa menumpangiku tidur di rumahnya segera kukirimi pesan. *Hi, namaku Febri. Aku mahasiswa di Kota Den Haag, Belanda. Kebetulan aku mau berkunjung ke Düsseldorf. Hanya satu malam, sih, tanggal segini sampai segini. Aku baik, kok, nggak gigit orang. Mau nggak kamu numpangin aku?*

Hari-hariku sibuk menunggu kabar balasan. Sehari, nihil. Dua hari, belum ada yang membalas. Tiga hari, asyik ada yang membalas! *Hi, thank you for your email. I would love to give you a place to sleep, but unfortunately I'll not be around that day. Sorry! And good luck!* Yah, gagal! Hari keempat, asyik ada balasan lagi. *Hi, yes, I'll try to be a good host for your first couchsurfing experience! Wooohhoo...* senang sekali akhirnya ada orang yang mau memberi tumpangan tempat menginap.

Aku berkenalan sedikit lebih jauh dengannya melalui *email*. Namanya Tina. Mbak-mbak asli Jerman. Setelah yakin bahwa kami sama-sama orang baik, kemudian kami saling bertukar nomor ponsel. Dia memberiku panduan bagaimana agar aku bisa datang sendiri ke rumahnya tanpa harus dijemput. Ah, segala sesuatu memang harus mandiri di Eropa ini!

Sore itu aku mengetuk pintu rumahnya. Tak lama kemudian dia membukakan pintu. Kami berkenalan, tidak terlalu hangat, sih, orangnya, tapi juga tidak dingin. Okelah. Sore itu dia mengajakku ke tepian sungai Rhine di Düsseldorf. Tempat itu yang hanya dikunjungi oleh orang lokal, bukan tujuan wisata terkenal. Aku cukup menikmatinya.

Kereta di Düsseldorf.

Aku dan Tina, *host* pertamaku.

Sepulangnya dari tepian sungai Rhine itu, aku kelaparan. Tina mau berbaik hati memasakkan stik kalkun untukku. Tanpa nasi, tanpa kentang. Duh, *anaconda* di perutku bisa teriak-teriak, nih. Namun, di sisi lain aku tertantang. Supaya lebih *maknyus* pertukaran budayanya, aku juga tak mau kalah bersaing, dong! Masa untuk urusan masak-memasak orang Indonesia kalah dari orang Jerman, sih? ☺

Aku juga ingin masak, kataku. *Oh, silakan*, katanya. Kukeluarkan perlengkapan perang yang sudah kusiapkan dari rumah. Serasa jadi titisan Farah Quinn, aku memulai demo masakku. Kuletakkan bahan-bahan andalanku itu di atas meja. Satu, jagung dalam kaleng. Dua, tepung bumbu instan. *Boleh aku minta satu telur?*, tanyaku, berharap semoga dia punya stok telur. *Oh, kebetulan ada, nih, tinggal satu*, katanya. *Ohh...thanks God! Baiklah, aku akan mengajarkan padamu sebuah masakan yang praktis dan lezat* kataku percaya diri. *Wow... kamu mau masak apa?* katanya penasaran. Sini, biar kuajarkan... campurkan butir jagungnya dengan tepung ajaib ini, plus telur. Lalu, diaduk hingga rata. Panaskan minyak goreng, dan goreng, deh... *Taraaaa*! Jadilah sebuah masakan istimewa, BAKWAN JAGUNG!!! *Umm...yummy*, katanya berkali-kali. *Duhh*, alhamdulillah! Kelihatannya dia suka sekali. Aku mengelus dada, *hufft*... akhirnya... menginap di sini dibayar dengan bakwan jagung! :p

Setelah makan malam, kami masih mengobrol bersama. Kami saling bertukar cerita. Oh, ternyata dia seorang atlet renang. Whew! *Nah, kamu pasti lelah, silakan tidur*, dia mempersilakanku beristirahat. *Thanks, tidurnya di mana?*, kataku sambil berberes ria. *Tuh, di sofa,* katanya santai. *Dhueng*!! Kukira tidur di tempat tidur. *Tenang, sofanya besar*, katanya bangkit kemudian merapikan sofanya. Oh, leganya aku. Ternyata sofanya yang berukuran panjang, muatlah untuk tubuhku yang imut. Kemudian dia membawakan bantal empuk dan selimut tebal untukku. *Hmmm*... nyamann! Saking nyamannya, aku sampai meninggalkan sedikit bekas di atas bantalnya. :D

Itulah pengalaman tidur pertamaku *numpang* di rumah orang yang tidak dikenal. Menyenangkan sekali. Bukan hanya masalah penghematan dari segi finansial, tapi interaksi yang intens bersama seorang lokal tentunya menjadi pengalaman yang berkesan lebih. Setelah pengalaman *nebeng* pertama itu, aku kemudian mendapat satu pengalaman lain, menginap gratis bersama Kak Odah di flat seorang cewek asli Slovakia di Cologne, Jerman. Pengalaman itu juga cukup menyenangkan.

Tapiiii, sepertinya tidak ada yang lebih menyenangkan daripada pengalaman Sya, mantan *flatmate*-ku. Sya, gadis manis warga negara Singapura keturunan Indonesia ini memanfaatkan *couchsurfing* saat akan datang ke Belanda. Sya bertukar cerita melalui *email* beberapa kali dengan Rob, seorang pemuda Belanda yang juga keturunan Indonesia. Hari-hari pertama kedatangannya di Belanda, Sya menginap di rumah Rob beberapa hari, sebelum akhirnya bertemu denganku dan kami memutuskan untuk tinggal bersama di sebuah flat. Dari *numpang* menginap beberapa hari itulah, pertemanan mereka terus berlanjut. Kucium aroma kedekatan di antara mereka. Hingga akhirnya, setelah hampir setahun kemudian, *jeng jengg...* mereka menikah! Ya ampuunn...ternyata jodoh ada di *couchsurfing* juga! :p

Selama kita masih punya hati dan otak,
yakinlah bahwa kita mampu mengalahkan
segala keterbatasan yang ada.

-NFW-

Tip Jalan-Jalan (Ala Mahasiswa Pas-Pasan Tapi Gaya)

1. Pilih *budget airlines* untuk bepergian murah di Eropa, contohnya www.ryanair.com atau www.wizzair.com. *Budget airlines* biasanya punya harga yang bahkan kadang lebih murah dari bus. Yang paling mahal umumnya adalah bepergian dengan kereta.
2. Cobalah menjadi member www.couchsurfing.org, atau www.hospitalityclub.org untuk mencari-cari teman yang bisa menyediakan penginapan gratis. Selain penginapan gratis, siapa tahu kamu juga bisa dapat jodoh! :p
3. Sempatkan diri untuk *googling* tentang sejarah tempat-tempat yang akan kamu kunjungi. *Trust me, it will be much easier and more fun!*
4. Sebaiknya informasi dicari sebelum berangkat, dicatat inti-intinya. Jadi tidak perlu berat-berat membawa buku panduan yang tebal-tebal, apalagi kalau bepergian dengan *budget airlines* yang kuota bagasinya sangat-sangat terbatas. Lebih baik bagasi dipakai untuk membawa kamera dan lensa, mi instan, atau buku yang kamu baca ini, *hehehe*...

5. Jangan mudah terperdaya dengan kebaikan orang yang baru dikenal, khususnya di kawasan destinasi wisata! Hati-hati dengan orang yang menawarkan memotret kamu dan pasangan/temanmu, orang yang sok akrab, memeluk sambil mendoakan, atau orang yang menawarkan menemanimu ke suatu tempat.
6. Siapkan alat dokumentasi terbaik yang bisa kamu bawa. (Jangan seperti si Yecong yang jalan ke Eropa hanya membawa kamera 1,3 *megapixel*. Jadi hasil fotonya *blur*, mukanya rata semua. Untung dia banyak jalan denganku, jadi sebagian besar fotonya bagus-bagus. *Haha...peace, cyinn!).* Investasikan uang untuk membeli kamera dan lensa yang bagus, *second* juga tak apa asal bagus. Jangan takut menghabiskan banyak uang untuk kamera. Setelah selesai jalan-jalan, jual lagi saja! :D Kamera bagus akan membuat fotomu tampak selalu *cakep, nggak malu-maluin* untuk dipajang di mana-mana!

Kamera SLR pertamaku, namanya Noki-Niko. ☺

Nenteng kamera ke mana-mana.

7. Menulis! Sempatkan diri untuk menulis selama atau setelah *traveling*. Lebih cepat, lebih baik. Misalnya, malam sebelum tidur di penginapan atau ketika dalam perjalanan dari satu kota/negara ke kota/negara lain. Tulisan yang dibuat saat *traveling* biasanya akan mencatat semua hal lebih detail, tentang perasaan kita, nama dan kondisi objek yang dilihat, harga, dan lain-lain. Berbeda dengan tulisan yang dibuat satu bulan, dua bulan, atau setahun setelah *traveling*. Biasanya kita hanya akan mengingat garis besarnya saja. Terserah, sih, mau pilih cara yang mana, tapi yang penting menulis, sebelum lupa!

Tip Jalan-Jalan Bagi Muslim Travelers

Menjaga Shalat

1. Shalat saat *traveling* ke negara yang mayoritasnya nonmuslim sungguh tidak mudah. Masjid tidak mudah ditemukan, atau sekalinya ketemu, bisa-bisa *nyasar* masuk masjid Ahmadiyah, tuh, seperti saya. *Hehehe*... Jadi, kita harus pintar-pintar mengatur waktu agar tetap bisa shalat. Untuk mempermudah perjalanan, sebagai musafir kita diperbolehkan untuk menggabungkan dua waktu shalat. Ya sudah, pakai saja dispensasi ini.
2. Kalau kira-kira nanti susah sekali menemukan masjid atau tempat shalat, usahakan untuk mulai jalan setelah waktu Zuhur. Shalat Zuhur dulu dengan jama' takdim, atau jalan pagi sekalian dan kembali ke penginapan pada sore hari sebelum Magrib untuk melakukan shalat dengan jama' takhir. Kalau tidak memungkinkan kembali ke penginapan, *keep it simple*, pastikan kamu belajar tayamum sebelum berangkat keluar negeri.

Nanti bisa shalat di kendaraan saja. Gampang, kok. Atau, shalat di taman, atau kalau misalnya lewat *shopping mall*, masuk aja ke dalam. Ambil beberapa potong baju, bawa ke *fitting room*. Nah, shalat, deh, di sana! ☺

3. Kalau kamu menginap di *budget* hostel yang isi kamarnya bisa sampai 10 orang atau lebih, hati-hati! Bagi yang cewek, asal bajunya tertutup baik, sebaiknya shalat pake pashmina atau jilbab saja. Lumayan, bisa menghemat tempat daripada harus membawa mukena. Khusus untuk shalat subuh, lebih baik saat melakukannya jangan menggunakan mukena dan harus pelan-pelan. Coba saja bayangkan, kalau shalat Subuh dalam kegelapan hanya diterangi cahaya dari jendela lalu kita membuat gerakan yang ribut dalam mukena putih. Terus terang aku takut orang-orang itu nanti akan terbangun lalu berteriak histeris karena dikira ada hantu. :D
4. Jangan berharap bisa tahu arah kiblat dari hotel. Memangnya di Indonesia ada tanda panah di langit-langit kamar? Tidak ada! Jadi, kita butuh kompas kiblat, yang ada panduan lengkapnya. Kalau negara X berapa derajat, negara Y berapa derajat. Kompas ini biasanya tersedia di toko Islami. Lho, kenapa tidak pakai jurus melihat arah matahari saja? Satu, matahari itu tidak selalu *nongol* di Eropa. Pada musim dingin, dia *ngumpet*. Dua, kalau Indonesia patokan kiblatnya

berlawanan arah matahari terbit. Nah, kalau di Eropa bagaimana? Letak mereka adanya kan di Barat? Bingung, kan?? Nah, karena *ribet* itulah, aku punya periode favorit untuk *traveling*, yaitu jalan-jalan saat sedang lagi 'm', *hehehe*... Atau, kalau sedang berada di negara antah berantah, mesti shalat, dan nggak bawa kompas, aku shalat menghadap ke mana-mana saja. Tebak-tebak buah manggis! :D

Mencari Makanan Halal

1. Bawa bekal dari rumah. Biasanya mi instan yang menjadi andalan. Jangan lupa mencari hostel yang ada fasilitas dapur supaya bisa memasak.
2. Tanya resepsionis hostel di mana saja tempat yang menyediakan makanan halal.
3. Identifikasi di mana letak *booth* kebab, karena makanan itu sudah pasti halal.
4. Cari restoran Cina/Asia, pesan menu vegetarian.
5. *Don't rich people difficult,* deh! (jangan kayak orang susah—bahasa anehnya si Butet lagi). Kalau *nggak* ketemu resto halal, go to KFC or McD, baca bismillah! ☺
6. Ini resep terakhir yang lumayan membantuku saat travel di dalam feri dari Yunani menuju Venice. Karena makanannya *nggak* jelas, *nggak* napsu makan juga, ya udah sekalian saja, puasa!

Mengikuti Pesta Ala Eropa

1. Kalau kamu mengikuti pesta ala Eropa, yang biasanya diisi dengan *dance* dan minum-minum, tenang saja! Kamu bisa memesan *soft drink,* kok. Tapi, kalau mau terlihat *gaul,* setidaknya ada 1 jenis minuman yang bisa dipakai untuk gaya-gayaan terlihat seperti minum bir juga, yaitu jus apel, warnanya mirip. :p
2. Kalau kamu *nggak* suka *dance,* berdiri saja di meja tempat mengobrol (maksudnya, berdiri mengelilingi meja, lho, ya. Bukan di atas meja). Mengobrol dengan orang-orang. Kalau masih ada yang mengajakmu *dance* juga, bilang saja terima kasih, tadi sudah sempat *dance.* Biasanya, sih, *nggak* akan dipaksa lagi.
3. Kalau ternyata kamu diajak *dance* oleh cowok ganteng—nah, ini biasanya pasti kamu bakal merasa rugi kalau menolak, kan? Ya sudah, *nge-dance* saja. Lumayan kalau akhirnya bisa jadi kenalan (pastinya harus sambil teriak-teriak karena suara musiknya pasti kencang sekali). Eh, tapi jangan lupa sambil pegang gelas, ya. *Nge-dancenya* sambil minum, biar *nggak* khilaf megang yang lain, *hehehe*... Cara ini juga cara yang baik untuk menutupi kalau sebenarnya kamu *nggak* pintar *ngedance.* Bisa pura-pura susah bergerak karena sedang memegang minuman. :p

JERMAN

Taten statt Wörter!
Ayo beraksi, jangan cuma *ngomong*!

Sumber: http://en.wikiquote.org/wiki/German_proverbs

Ada Love di Berlin

Naah... Kali ini cerita yang agak romantis. Buku atau film kalau tidak dibubuhi cerita asmara rasanya kurang seru, kan? Jadi, aku buka aib ini sedikit demi memuaskan kalian, *hehehe*... Begini ceritanya. Aku punya seorang teman cowok keren berdada bidang, pintar, mapan, dan kebetulan berkebangsaan India. Daripada memanggilnya Jono, atau Tuan Thakur, lebih sopan kita panggil dia Sanjay. Dia teman *hangout*-ku di akhir minggu. Kami sering menonton film-film terbaru di Pathe (bioskop terkenal di Belanda), jalan, main badminton, dan minum bersama. Dia *nggak* minum minuman keras, hanya minuman cair. Minuman favoritnya adalah cappuccino, sementara aku *warme chocolademelk met slagroom,* alias cokelat panas dengan krim.

Dia laki-laki yang cukup aneh menurutku, dengan kualitas fisik dan finansial yang dia miliki, dia *nggak* pernah menunjukkan ketertarikannya kepada cewek cantik seksi nan bergaya di depanku (*nggak* tahu, ya, kalau di belakangku, *hehe*). Mungkin itu terjadi karena sifatnya yang terlalu introver. Padahal dia bisa saja dapat cewek dengan mudah kalau dia mau. *Eits*, jangan berpikir dia gay, ya. Karena sebaliknya, dia bahkan sering menunjukkan ketidaksukaannya pada kelompok-kelompok LGBT yang menurutnya terlalu sering berkoar-koar di Belanda tentang identitasnya.

Sanjay pernah punya pacar, seorang cewek Amerika, namun hubungan mereka kemudian kandas. Mungkin dari pengalaman itu, dia menjadi sangat hati-hati dengan sebuah hubungan. Katanya, dia menyukai cewek-cewek sederhana, yang cukup konservatif (*nggak* merokok atau minum, seperti dia juga), yang tidak punya potensi untuk men-*dictate*-nya, dan cantik itu nomor kesekian baginya. Dan tentunya tipe cewek seperti itu sulit ditemukan di Belanda yang cewek-ceweknya dikenal independen, *bossy*, dan jarang yang konservatif. Jujur saja, aku sempat *ge-er* karena merasa aku termasuk dalam golongan cewek yang disukainya itu, *hehehe*...

Suatu pagi di musim gugur, kami sepakat untuk berlibur ke Berlin. Aku belum pernah ke sana. Sementara Sanjay sudah pernah ke sana dan menyukai Berlin. Dia tidak keberatan untuk pergi denganku ke sana. Aku mulai *booking* sana-sini. Dia menyerahkan urusan pencarian padaku karena dia sedang sangat sibuk-sibuknya di kantor. *Hmm*, tentu saja yang kurancang adalah perjalanan dengan *budget* minimalis, namanya juga *student*.

Aku *booking* bus Eurolines pulang-pergi Den Haag-Berlin. Kemudian mencari-cari hostel. *Hmm*...tapi aku *nggak* tega untuk mengajaknya ke hostel. Dia biasa tidur di hotel berbintang. Okelah, aku cari hotel yang paling murah. *Nggak* apa-apa hotel *ecek-ecek*, asal bukan esek-

esek, *hehehe*... Setelah ketemu hotel yang paling murah (sebenarnya mungkin itu hostel juga, cuma entah huruf s-nya tercecer di mana), kupesankan kamar yang paling mahal untuknya (yang ada di situ pun tarifnya masih 3x lipat lebih murah dibanding harga kamar standar di Hotel Ibis), dan kamar yang agak murah untukku. *Nggak* masalah, yang penting kami bisa dapat kamar sendiri-sendiri. Setelah sibuk-sibuk mencari hotel, akhirnya Sanjay yang memesan hotel itu karena aku tidak punya kartu kredit.

Sebelum berangkat ke Berlin, kami sepakat akan mencari tempat *party* di sana. *Party apa*, katanya. *Party yang romantis*, kataku menggodanya. *Oke, party dengan alunan musik khas Jerman*, katanya membalas pesan Whatsapp-ku. Berbekal kesepakatan tersebut, terpaksa aku menambah beban tasku. Satu ransel dan satu tas tangan besar berwarna pink bunga-bunga. Di dalamnya aku membawa sepatu *high heel* (cuma 3 sentimeter, sih, tapi tetep saja itu *high heel* buatku yang biasa pakai sepatu *teplek*) dan sebuah *dress* yang agak elegan ikut bersamaku ke Berlin.

Kami berangkat di malam hari dari terminal Den Haag. Duduk di dalam bus yang ruangnya terbatas bagi badannya yang lebih besar daripada badanku, tentunya kurang mengenakkan. Tapi untungnya, dia tidak protes. Hiburan kami malam itu adalah saling bertukar lagu. Dia mendengarkan lagu di ponselnya untukku (yang *nggak* begitu enak didengar menurutku, maklumlah selera cowok), dan aku mendengarkan lagu di ponselku untuknya, Christina Perri dan Paramore andalanku. Mungkin dia juga tidak suka mendengarkannya. *Hehehe*... Itu romantis, *nggak*, sih? Setelah lelah mendengarkan lagu, kami berusaha tidur dalam posisi duduk, dan tiba di Berlin keesokan paginya.

Stasiun Hauftbahnhof.

Setelah dari terminal bus, tibalah kami di Berlin Hauftbahnhof, stasiun paling modern di Eropa. *Widih*, keren *banget*! Jauh sekali bedanya dengan stasiun yang ada di Amsterdam, apalagi Den Haag. Kuhitung ada berapa jumlah tingkat lantainya, paling tidak ada 5. Plus, pertokoan mewah di kanan-kiri, eskalator, dan *lift* tabung kaca. Berlin Hauftbahnhof lebih tampak seperti mal yang berisi stasiun.

Sekilas sejarah stasiun di dinding peron.

Dari sana, kami singgah di satu stasiun yang lain sebelum sampai ke stasiun terdekat dengan hotel kami. Pada dinding peron yang ada di setiap stasiun, tergambar cerita dan foto-foto sejarah Jerman di masa lalu. Sanjay yang menyukai sejarah langsung bertindak seperti guru sejarah. Dia menjelaskan padaku dengan semangat. Wah, tentu saja aku senang sekali bisa belajar sejarah gratis, :p Namun, sekadar info saja, di sepanjang tembok sejarah itu, aku tak melihat satu pun foto Chaplin, eh, Hitler. Rupanya negara itu benar-benar malu dengan apa yang sudah dilakukan oleh pemimpin sadis itu dan tidak ingin mengingatnya.

Gedung Parlemen Berlin.

Dome Cathedral dipotret dari atas kapal.

Menatap sedih karena gagal masuk.

Dome Cathedral dari seberang sungai.

Dome Cathedral di malam *Festival of Lights.*

Walaupun udaranya lumayan dingin, kami sangat menikmati *weekend* kami di Berlin. Ada gedung parlemen yang kubahnya terbuat dari kaca (namun sayangnya kami tidak bisa masuk ke dalamnya karena harus *booking* tiket secara *online* beberapa hari sebelumnya).

Setiap sudut kota Berlin mengasyikkan sekali, terutama karena ikon-ikon kota dihiasi lampu yang membuat kota ini semakin hidup. Dome Cathedral, katedral terbesar di Berlin yang mempunyai lebih dari 250 anak tangga untuk sampai ke puncak ini juga semakin semarak dengan cahaya yang dipancarkan khusus dalam rangka *Festival of Lights* pada bulan Oktober itu.

Lampu hijaunya Berlin.

Ada yang unik dari Berlin ini, yaitu lampu lalu-lintasnya yang tidak hanya berupa bulatan berwarna merah dan hijau seperti di Indonesia. Di Berlin, lampu hijau dan merahnya khas sekali. Ada *image* sosok yang sedang merentangkan tangan untuk lampu merah, dan sosok orang sedang berjalan memakai topi untuk lampu hijaunya. Orang sana menyebutnya dengan sebutan Ampelmann.

Ampelmann.

Saking khasnya Ampelmann ini, ia dijadikan ikon kota ini. Strategi pemasaran yang bagus! Pusat-pusat suvenir pun banyak menjual sesuatu yang berbau lampu lalu-lintas ini. Salut, betapa geniusnya si pencipta kreasi ini! Coba, deh, sekarang apa yang kamu pikirkan tentang Indonesia? Gambar orang sedang berjalan sambil membungkuk ala Keraton Jawa mungkin bagus, ya? *Hehehehe*...

Selain melihat hal-hal yang turistik, kami juga berjalan-jalan menyusuri pertokoan, melihat-lihat mobil mewah.

Wew, Jerman memang canggih! Mobil-mobil mewah seperti Mercedes Benz dan Bentley dipamerkan. Mungkin merek-merek lainnya juga ada dan dipamerkan lengkap, tapi kami hanya pergi ke dua tempat yang memamerkan mobil merek tersebut. Sanjay jatuh cinta dengan mobil Bentley yang mahal *buanget* itu. Sementara aku punya ide *ndeso*. Begitu satpam di lantai itu turun, aku cepat-cepat masuk dan duduk di atas Mercedes Benz yang atapnya terbuka, dan meminta Sanjay bergegas mengambil fotoku sebelum alarm berbunyi, *hehehe*... Dengan muka tegang, Sanjay memotretku. Aku masih senyum-senyum di atas jok empuk membayangkan film India (ingat tidak, setiap adegan bernyanyi, aktor atau aktrisnya selalu sedang berada di atas mobil yang atapnya terbuka seperti itu) saat Sanjay berteriak pelan menyadarkanku. *Come on! Cepat keluar sebelum security*-nya *kembali,* katanya. Aku *cekikikan*.

Asyik, bisa *ngerasain* mobil mewah! ☺

Setelah mengeksplor kota pada hari kedua itu, kami sepakat untuk mencari tempat *party*. Sanjay menanyai beberapa orang tentang lokasi *party* di Berlin. Kulihat dia mencoret-coret peta yang dipegangnya. Malam itu kami pulang lebih awal ke hotel. Aku cuci muka, berdandan, mengganti bajuku, dan terakhir memakai *legging, coat,* serta sepatu *high heels*-ku yang sempit karena masih baru.

Ketika aku turun ke bawah, kulihat Sanjay sudah siap.

Kami pun berangkat. Berjalan dengan *high heel* sempit ini benar-benar menyiksaku! Tapi, mau bagaimana lagi? Masa aku *party* dengan sepatu kets? Kami sempat mampir sebentar untuk makan malam terlebih dahulu. Lalu, kami melanjutkan perjalanan dengan metro. Tempatnya jauh. Kami yang awalnya ceria sampai kehabisan bahan obrolan. Sanjay bahkan sempat menguap berkali-kali. Kami turun di stasiun terakhir. Tempatnya masih di Berlin, tapi seperti sudah di luar Berlin, saking jauhnya.

Aku berjalan mengikuti Sanjay. Banyak pemuda minum-minum di sepanjang jalan. Ramai sekali di sini, pikirku. Sekadar info, orang-orang Jerman kalau sedang minum-minum jarang yang menggunakan gelas seperti di Belanda. Mereka lebih suka langsung membawa botol, kayak preman. Refleks, aku langsung menggandeng tangan si Sanjay karena agak takut melihat orang-orang mabuk itu. Kami berjalan mengikuti kerumunan orang ramai, terus berjalan berusaha menemukan tempat *party* yang layak, kadang mengikuti arus orang tersebut. Tapi semakin jauh kami berjalan, daerah semakin gelap, belum ada tanda-tanda kehidupan *party. Eng ing eng...* Dalam situasi yang tampak kurang kondusif itu, Sanjay memutuskan sesuatu. *Febri, listen to me. Kita pulang saja, mending tidur*, katanya. *Huaaa aku kecewa!!!*

Di dalam kereta pulang menuju ke hotel, aku diam saja. Pengamen datang dan bermain alat musik, anak-anak muda di kereta itu langsung ikut nge-*dance* sambil minum. Aku tersenyum sedikit. Paling tidak, aku sempat merasakan atmosfer *party* walau hanya sebentar. Aku memalingkan wajahku dari Sanjay. *Bete abis!* Sudah jauh-jauh jalan, malah batal. *Bukannya mencari tempat lain, dia malah mau tidur*, omelku dalam hati. Sanjay merasakan perubahanku. *Something wrong?* katanya menanyaiku. Aku bungkam diam tak menjawab. Hingga kami turun dari kereta dan berjalan menuju hotel kami, aku tetap diam.

It's okay to say if you feel angry, katanya. Aku hanya diam dan menggeleng, mengalihkan pandangan untuk menyembunyikan perasaanku. *Tempatnya nggak aman, daripada terjadi apa-apa, mending kita pulang. Aku hanya mencegah sesuatu yang buruk*, katanya menjelaskan. Aku malah jadi pengin nangis. Kesel!! *Eh, Njay, tau nggak, aku bukannya cuma kecewa kita nggak jadi party. Kamu ngerti nggak kalau kakiku sakit?? High heelnya sempit, kita udah jalan jauh, dingin, udah bela-belain pake dress... Masa pengorbananku sia-sia.* Aku menggerutu dalam hati. Masih dengan wajah *manyun*. (*Halah*, cewek *banget*, ya! Mana mungkin dia bisa tahu kalau aku *nggak* bilang).

Malam itu aku tidak bisa tidur awal, perasaanku sedih. Keesokan paginya saat aku masih tidur, telepon di kamarku berdering. Tumben, Sanjay membangunkanku. *"Hello, good morning. How are you?"* katanya lembut. *"Hm... fine. Baru bangun,"* jawabku lemas sambil menguap-nguap. *Ayo, turun, kita sarapan*, katanya.

Hari itu sebelum pulang, *he treated me well*. Dia membawaku ke tempat-tempat yang ingin kukunjungi, misalnya ke Garden of the World yang letaknya cukup jauh. Di situ ada miniatur kebun ala Roma, Jepang, Korea, hingga Bali! Sorenya, dia membelikanku tiket masuk Dome Cathedral. Kami menaiki tangga hingga ke puncaknya. *Hufft*, melelahkan dan cukup menyeramkan bagiku yang takut ketinggian. Tapi, wow, pengalaman yang luar biasa berada di atas sana. Pemandangannya *baguuss*..sekali! Dan, *eh eh, liat, ada yang mengukir tanda* love *di bawah*, kata Sanjay. :)

Pemandangan dari puncak Dome Cathedral.

Love. ;)

TURKI

Sabır acıdır, meyvesi tatlıdır.

Patience is bitter, but its fruit is sweet.

Hikmah: Kesabaran selalu menghasilkan buah yang manis.

Sumber: http://en.wikiquote.org/wiki/Turkish_proverbs

Didatangi Bulan di Istanbul (1)

Cewek-cewek sering bermasalah dengan telat datang bulan. Tapi, ada saat-saat di mana si bulan justru menjadi hal yang sangat menjengkelkan. Paling tidak, ada 3 masa di mana perempuan sangat tidak menginginkan si bulan. Satu, saat menunaikan ibadah haji. Kebayang tidak, mereka yang melakukan haji dengan paket ONH Plus, artinya perjalanan yang lebih nyaman, namun singkat—biasanya cuma 2 minggu dan amat pas untuk orang-orang sibuk. Nah, bagaimana bisa beribadah dengan optimal jika periode 1 minggunya itu si bulan mampir? Kedua, pada saat berada di Istanbul, Turki. Di sana, kemasyhuran Blue Mosque menggodamu untuk shalat di dalamnya, dan tradisi mandi yang dikenal dengan hamam memanggilmu untuk menikmatinya. *Arggh*! Sebentar lagi kuceritakan pengalaman haidku di Istanbul. Ketiga, pada saat malam pertama. Semua pasti bisa mengerti kenapa cewek *nggak* pengin datang bulan di malam pertama, bukan? Alasannya, bisa-bisa nanti digetok oleh sang suami. :p

Singkat cerita, sebelum pulang ke tanah air, aku ingin menutup perjalananku di Eropa dengan mendatangi Turki, sebuah negara yang berada di dua benua, Asia dan Eropa.

Konon, negeri itu begitu indah dan percampuran budaya dua benua menjadi daya tarik yang luar biasa. Dengan tiket pulang pergi sebesar 150 euro (atau setara dengan 1,75 juta rupiah) Amsterdam–Istanbul, aku dan Yecong nekat ke sana pada hari H-4 hingga H-1 wisuda master kami.

Sebelum pergi, aku sudah melakukan riset singkat tentang tempat-tempat yang bisa dikunjungi dalam waktu 2 hari (tidak termasuk waktu perjalanan, ya). Berikut adalah yang masuk dalam daftar tempat wajb kunjungku. Blue Mosque dan Hagia Sophia masuk dalam daftar "Belum ke sini kalau lu nggak liat ini", Topkapi Palace dan haremnya masuk dalam daftar "*Recommended*, harus dikunjungi", Tahrir Square masuk dalam daftar "Tanggung amat kalau ke sini tapi nggak mampir", dan Hamam masuk dalam daftar "Nyesel, deh, kalau lu nggak nyoba!". Semua tempat yang kusebutkan tadi, plus mencoba hamam adalah target operasiku di Turki. Sekere apa pun, aku harus ke sana!

Dengan senyum lebar, aku menikmati malam kedatanganku di Istanbul. Dari bandara Sabiha Gokcen yang berada di bagian Asia menuju hotel kami di daerah Sultan Ahmet yang berada di Eropa. Taksi (yang berbentuk van) melaju memamerkan jalan turun-naik di Turki, jembatan-jembatan dan sungainya yang besar, rumah dan bangunan lain di sekeliling sungai hingga ke bukit-bukit yang memancarkan cahaya lampu gemerlap. *Hmm*, aku suka. Rasanya segar sekali melihat pemandangan ini, mencairkan kebosananku dengan suasana Eropa. Patung dan katedral sudah cukup bagiku. Aku rindu suasana yang berbeda, seperti kubah-kubah masjid yang bertaburan di Turki ini.

Sesampainya di hotel, *oh, noooo!!!* Aku haid! Bagaimana bisa ke hamam, nih? Padahal itu cita-citaku dari dulu sejak membaca buku *The Naked Traveler.* Hamam yang ada dalam benakku setelah membaca buku Trinity itu adalah tempat pemandian khas Turki. Mandi beramai-ramai di kolam air panas dalam bangunan tua yang artistik, kemudian ada marmer panas, sauna, dan arena pijatnya. Dan, menurut artikel-artikel perjalanan yang kubaca, hamam itu *enaaakkk...banget!* Masa hal senikmat itu harus kulewatkan, sih?! Seumur hidup belum tentu aku bisa balik lagi ke Turki. Aku pun kontan langsung mengomel pada diriku sendiri. Duh, bulan, kenapa kamu datang di saat yang tidak tepat! *Huhuhu*... Yecong berusaha menghiburku, *besok kamu tetap pergi saja, sebelum haid keluar banyak*, katanya.

Keesokan harinya, kami memulai perjalanan kami menuju tujuan terdekat dari hotel kami. Berjarak kurang lebih 500 meter. *Wauww*... Blue Mosque!!! Pertanyaan pertama, kenapa warnanya tidak *blue,* ya? Meski begitu, aku tetap saja takjub. Besaaarrr... Kami berjalan-jalan mengitari masjid, menikmati keindahan arsitektur masjid sambil tak lupa memotret sana-sini. Tak lama kemudian, suara azan memanggil. *Subhanallah*... Setelah setahun lebih tinggal di Eropa, betapa rindunya aku mendengar suara itu. Rindunya aku ingin shalat di masjid yang benar-benar masjid. Di Belanda, sewaktu Idul Fitri dan Idul Adha aku memang bisa shalat juga di masjid Indonesia. Tapi bangunannya tidak seperti masjid pada umumnya. Lebih mirip bangunan yang dipergunakan sebagai masjid.

Orang-orang mulai memasuki masjid. Yecong pun segera mengambil wudu kemudian masuk ke dalam Masjid Biru. Aku memperhatikan beberapa orang petugas pengamanan melarang wisatawan yang nonmuslim masuk dan menyuruh mereka kembali setelah jam shalat. Aku yang tadinya sibuk merekam dengan *handycam* tiba-tiba jadi tidak tahan ingin masuk juga ke dalam. Aku ingin melewati daun pintu yang bentuknya seperti kain diangkat ke atas itu. Segera kubungkus sepatuku dengan plastik yang telah disediakan di sana. Aku tersenyum menunduk di bawah pintu dan melangkah masuk ke dalam. Di sana, seketika aku merasa damai.

Pintu masuk Blue Mosque.

Blue Mosque.

Interior dalam masjid.

Petugas keamanan perempuan di dalam Blue Mosque.

Kuletakkan sepatuku di rak sepatu. Aku duduk di sisi kiri, di belakang rak sepatu, bersama beberapa ibu bertubuh besar. Kuamati birunya bagian dalam masjid yang memesona. Oh, mungkin inilah alasan mengapa masjid ini dinamai "*Blue Mosque*", karena interiornya didominasi warna biru. Lalu, kulihat di arah depan rak sepatu, ada dua petugas keamanan perempuan berjalan bolak-balik mengawasi dengan mata tajam. Aku terkesiap. Tiba-tiba aku khawatir akan diusir keluar kalau ketahuan sedang haid. Aku pernah dilarang masuk ke dalam masjid oleh Kak Odah saat tengah berada di Malaysia karena sedang dalam kondisi haid. Aku melirik ke sisi kanan, ketemukan Yecong sedang duduk di sana. Pelan-pelan aku pindah mendekatinya. Dia tertawa bahagia, gembira karena bisa shalat dị Blue Mosque yang sudah lama diimpikannya. Tak lama kemudian, terdengar suara *iqomah*.

Aku mau pura-pura shalat, kataku berbisik pada Yecong. *Hah*?? Dia kaget. *Ya, aku mau akting saja, soalnya ada penjaga di depan. Kayaknya galak, bisa-bisa aku dimarahi lagi karena masuk ke sini saat sedang haid.* Aku pun lalu mencari posisi yang membelakangi tiang. Sayangnya, pada saat shalat akan dimulai, aku terpaksa menggeser tempat berdiriku. Maafkan aku, ya Allah. Sepanjang shalat, yang kulakukan bukannya membaca bacaan shalat, tapi justru sibuk meminta ampun karena aku hanya berpura-pura shalat. Gara-gara pengin lihat bagian dalam masjid, nih! :D

Setelah shalat, kami duduk-duduk menikmati

pemandangan indah yang ada di dalam masjid. Kami sempat memperhatikan ada rombongan turis yang mulai masuk. Turis Jepang, biasa, dengan bendera yang tinggi sebagai penunjuk jalan mereka, selalu kompak mendengarkan petunjuk pemandu mereka. Kemudian kami menyadari bahwa barisan shalat kami tadi sudah merenggang, hanya tinggal beberapa orang saja duduk di bagian belakang seperti kami. Kabanyakan orang sudah merapat ke tengah dan ke depan untuk melihat interior masjid lebih dekat.

Seorang ibu paruh baya, berbadan subur, dan berkerudung ala Turki mendekatiku. Beliau menyalamiku dan memelukku dengan hangat. *Dari mana asalmu?* tanyanya. *Orang Indonesia, tapi dari Belanda*, jawabku. Sambil menatapku, kemudian dia mendoakanku, *jannah*[5] *insyaallah... jannah*... Wah, aku langsung mengamini doanya dengan wajah sumringah. *Amiiiiinnn*... kataku sambil tersenyum bahagia melihatnya. *Cihuy, pertanda apa nih*, pikirku senang. Tanganku digenggamnya hangat. *Ana Kurdish,* katanya. Oh, aku tahu. Kalau tidak salah, orang Kurdi itu yang menjadi korban pembantaian oleh Saddam Hussein. *Iya, saya tahu soal kaum Kurdi*, kataku, menganggguk lalu tersenyum sambil memberikan simpati. Dia tetap memegang tanganku, lama sekali. *Hmmm, kok perasaan mulai tidak enak. Kayaknya ada jebakan betmen, nih! Ana fakir*[6]*... fakir...* katanya dalam, sambil

[5] Bahasa Arab, artinya surga.
[6] Bahasa Arab, artinya miskin.

melihat mataku. *Tuhh, kan, benar*. Dia tetap menggenggam tanganku, tak mau melepaskanku. *Haduh, gimana, nih*? Yecong yang tadinya duduk di sebelahku mungkin sudah membaca gelagat tak baik, lalu dia menyingkir dan bergerak ke bagian depan, meninggalkanku sendirian. Teganya!

Aku tetap mengangguk-angguk tanda simpati, belagak polos. Tapi rupanya dia lebih agresif. Dia mengulang-ulang menyatakan kefakirannya. Aku juga mengulang-ulang senyumku yang kemudian jadi terasa dibuat-buat. Tak sabar hanya melihat senyumku, dia langsung main tembak. *Ana fakir*, katanya sambil memperagakan tangan untuk makan. Aku mau kabur tapi tak bisa, tanganku masih digenggam erat olehnya. Rasanya tidak ada pilihan lain, lebih baik kuberi sedekah sajalah. *Oke*, kataku. Aku mengambil koin lira yang ada di dalam sakuku. Kebetulan aku punya uang receh. Kuberikan padanya agar dia segera melepaskan tanganku. Setelah melihat uang yang kuberikan, dia masih menahan tanganku. Tahu tidak apa yang dia katakan? *Euro... ana fakir... Euro*, katanya. Ampun, deh!! Mintanya tidak tanggung-tanggung, bukannya Turkish lira tapi euro! Ibu ini tahu sekali mana yang nilai tukarnya lebih tinggi. Keterlaluan sekali, sudah diberi hati kok masih minta jantung, pikirku. *Maaf Bu, tidak ada. Saya juga fakir, student!* balasku sambil pergi dengan perasaan kesal dan takjub menjadi satu.

Sesampainya di luar, ada pemandangan yang sangat indah berikutnya. Menarik sekali, ada taman terbuka di mana orang-orang bisa duduk santai dan berkumpul. Tak hanya orang, ada banyak kucing juga yang ikut *mejeng* di situ. Pemandangan lebih spektakuler pun tampak, dengan latar Hagia Sophia di bagian belakangnya, yaitu sebuah bangunan bersejarah yang dulu pernah digunakan sebagai gereja dan masjid. Ah, hatiku langsung berubah bahagia saat melihat begitu banyak kucing, bisa menjadi obat lupa dengan kejadian ibu Kurdish tadi. Ayo, Cing, kita berfoto dulu!

Lihat, ada banyak sekali kucing kampung!

Ini dia kucing yang narsis, tidak mau kalah. :p

Hagia Sophia di malam hari.

Didatangi Bulan di Istanbul (2)

Dengan obsesi menikmati hamam di Turki, kuamati brosur mewah yang memasang gambar cewek-cewek cantik sedang menikmati hamam di dalam bangunan berarsitektur megah berusia ratusan tahun itu. Kulihat daftar harganya, duh, mahalnya! Rasanya, kok, tidak rela harus membayar sekitar 600 ribuan untuk satu kali paket mandi yang lengkap dengan pijat. *Hmm*, apalagi dalam keadaan sedang haid, mau mandi bersama di kolam air panasnya juga tidak enak. Tapi sayang sekali kalau aku harus melewatkan kegiatan ini. Kapan lagi bisa ke Turki, kan? Baiklah, lebih baik coba kutanyakan dulu.

Çemberlitaş Hamamı.

Kumasuki tempat bernama Çemberlitaş itu, sebuah tempat hamam terkenal di Istanbul yang berada di pusat kota. Kutanya mbak pegawai sana yang kebetulan berwajah oriental tentang kemungkinan apakah aku bisa mengambil paket sauna, atau pijat saja tanpa mandi, alias minta diskon? *Tidak bisa satu-satu, sudah harga paket*, katanya judes. *Fiuh*, terpaksa aku pun keluar.

Aku pergi ke tempat hamam lain yang ada di sekitar situ, kalau tidak salah namanya *Sultanahmet Hamam*. Begitu masuk, hawa panas dan lembab menyeruak. Aku melihat laki-laki dan perempuan memakai handuk dan duduk-duduk dalam ruangan yang sama. Seorang laki-laki mempersilakanku masuk. Aku langsung jengah dengan bau keringat, atau entah apalah itu. Setelah bertanya tentang harga, yang kemudian kuketahui ternyata cukup mahal, aku buru-buru keluar dan meninggalkan *Turkish bath* tersebut. *Huekk*... baunya membuatku mual!

Duh, masa aku gagal? *Nggak*, aku *nggak* akan menyerah sampai titik darah penghabisan. Malam terakhir sebelum pulang, aku nekat akan mencari *Galatasaray Hamami*, sebuah tempat hamam yang direkomendasikan seorang teman Turkiku di kampus. Malam sebelumnya aku juga sudah berusaha mencarinya bersama temanku tapi tidak berhasil menemukan tempat itu. Jadi malam itu aku nekat jalan sendiri untuk menemukan tempat itu. Aku melewati Galata Bridge yang melintasi Golden Horn itu. Wah, ada hal yang sangat-sangat menarik! Di sepanjang jalan itu ada banyak sekali orang, umumnya laki-laki dewasa, yang sedang memancing di tepian jembatan tersebut. Di bawah jembatan itu ada deretan restoran yang menjual *seafood* dengan lampu warna-warni, semarak sekali! ☺

Pemancingan terbesar yang pernah kulihat.

Subhanallah, indahnya!

Aku naik trem lagi dan memulai perjalananku. Turun dari trem, aku melanjutkan dengan berjalan kaki. Perjalanannya cukup jauh, melewati jalan yang menanjak, turun, dan naik. Sebenarnya aku agak takut dengan daerahnya karena suasananya sepi dan jauh dari keramaian. Betapa nekatnya aku malam itu, berjalan sendirian di malam hari ke sebuah tempat yang belum pernah kudatangi, dan melewati daerah-daerah yang sepi. Aku bingung, mau bertanya pada siapa. Lalu kucoba bertanya pada seorang laki-laki penjual makanan di restoran. Alangkah mengejutkannya, dia tidak mau menjawab kalau aku tidak makan di situ. Ya ampun, orang ini muslim apa, ya? Sama sekali tidak ramah! Sambil mencoba bersabar, aku terus berjalan mengikuti peta. Sayangnya yang kumiliki itu bukan peta yang baik sehingga aku malah kebingungan.

Akhirnya kutemukan sebuah *Turkish bath* yang lain. Baiklah, aku coba masuk ke dalam dan menuruni tangganya. Begitu berada di dalam, *aiihh*, semuanya laki-laki mengenakan handuk-handuk. *Hiiyy*...pengin kabur secepatnya! Tapi, karena tak mungkin langsung keluar, terpaksa aku beranikan diri untuk bertanya, *apakah di sini melayani Turkish bath untuk perempuan?* Kemudian, seorang bapak menjelaskan bahwa waktu khusus untuk perempuan di bawah jam sekian, laki-laki jam sekian ke atas. *Oke, terima kasih*, kataku sambil bergegas keluar. *Hufft... ngeri*, aku sendirian masuk ke kandang harimau!

Aku terus berjalan sambil berdoa. Sepertinya lokasi yang kucari sudah lebih dekat sesuai peta. Eh, aku malah menemukan pusat keramaian lain. Aku sempat mengabadikan keramaian itu dengan kameraku, kemudian terus berjalan mendekati sasaran. Hingga akhirnya... Itu diaa...! Dari jauh aku melihat tulisan nama bangunan itu, GALATASARAY! Hore! Alhamdulillah. *Mudah-mudahan masih ada rezekiku untuk bisa hamam malam ini,* pikirku.

Segera aku masuk ke dalamnya. Kulihat ada beberapa orang yang sedang duduk-duduk berhanduk di situ. *Oohh noooo,* laki-laki lagi!! Setelah aku bertanya, seorang bapak memberitahuku bahwa area hamam untuk perempuan ada di bagian lain dan tutup jam 8 malam, katanya. Kulihat jamku, syukurlah belum jam setengah 8. Bergegas aku menuju bagian belakang dari bangunan itu. Nah, ini dia. Aku masuk melewati pintu dan tangga lalu mendapati suasana yang begitu *homey*. Aku melihat ada beberapa perempuan paruh baya sedang duduk-duduk santai di sana. Aku memberikan salam dan mengatakan bahwa aku ingin hamam. Tahu apa jawabannya?

Nggak bisa, sudah tutup! Jam 8 tutup. (Lho, padahal aku datang sebelum jam setengah 8).

Aku coba membujuknya, *Ayolah, Bu, pijat saja*, kataku.

Tidak bisa! Besok saja datang lagi, katanya tanpa ekspresi.

Ya ampuuun! Besok aku pulaaang, rutukku dalam hati.

Arrghhh... gagal sudah impianku untuk bisa merasakan hamam! ☹

Tapi ya sudahlah, pasrah saja. Insya Allah akan ada kesempatan lagi untuk hamam suatu hari nanti. Nah, selain jasa hamam yang tidak sempat aku cicipi, Turki juga membanggakan teh spesialnya yang biasa disajikan dalam gelas yang mungil-mungil itu. Teh khas turki yang berwarna agak kemerahan ini pertama aku cicipi di hostelku, gratis. *Cihuy*! Tapi kegembiraanku segera sirna. Setelah kuseruput teh di gelas nan seksi itu, *huek*, pahitnya minta ampun! Bahkah setelah kutambahkan gula bersendok-sendok, tetap saja pahitnya seperti minum antibiotik. *Hiiy*, *nggak* mau lagi, deh, minum teh itu!

Lalu, Turki, khususnya kota Istanbul yang kukunjungi, juga menawarkan produk-produk khasnya seperti lampu gantung yang terbuat dari kaca berwarna-warni, sajadah, syal, manisan yang manisnya bisa bikin gigi *ngilu*, kerajinan kaca dan keramik, serta bermacam-macam suvenir lainnya dalam deretan toko suvenir yang berjajar di sepanjang pusat kota. Toko-toko ini biasanya selalu dipenuhi oleh turis mancanegara.

Ada satu hal yang menarik. Setiap kali aku dan temanku memasuki toko, sering si penjaga toko yang

Lampu khas turki.

menyambut kami bertanya dengan sebuah pertanyaan—yang anehnya selalu sama dari toko ujung sana hingga ke ujung sini. Pertama-tama, mereka akan mempersilakan kami masuk: *welcome, silakan masuk, ukhti.* Lalu akan dilanjutkan dengan pertanyaan yang itu-itu lagi, yang lama-lama membuat kami sebal. *Sister? Are you two sister?* Kata penjaga tokonya sambil menunjuk kami berdua. Kalau cuma satu orang yang bertanya hal itu, sih, mungkin tidak jadi masalah. Tapi kenapa ini dari ujung ke ujung pertanyaannya selalu sama. *Sister*?? Memangnya kenapa, sih? Memang kalau kami ini *sister,* apa urusannya? Apakah harganya bisa turun? *Nggak penting banget* pertanyaannya!

Kalau kamu tidak percaya hal ini, silakan dicoba. Kalau kamu seorang perempuan, datanglah ke Istanbul dengan seorang teman perempuan atau saudara perempuan, dan masuki toko yang berjajar itu satu per satu. Aku yakin, 1 dari 3 penjaga toko akan menanyai hubungan kalian, *Sister*? Aku penasaran juga, kalau yang datang adalah dua orang lelaki, apakah akan mereka tanyai, *Brother*?

Umm, lantas kira-kira ekspresi mereka akan seperti apa ya kalau ada yang iseng menjawab, *No, we are partner!* @#?

Sakit adalah kondisi yang akan membuatku mengingat masa kecil, ketika Ayahanda memeluk menenangkanku dan Ibunda memasakkan bubur untukku.

-NFW-

Hebohnya Sakit di Luar Negeri (1)

Tentunya hidupku di luar negeri tidak selalu berkisar tentang hore-hore saja. Ada saat di mana aku menangis menahan sakit sendirian di kamar yang dingin. Seingatku, ada tiga kali saat di mana aku menderita sakit yang cukup parah selama 15 bulan masa hidupku di Belanda. Penting tidak ya diceritakan? Penting, deh, kayaknya. Karena gara-gara sakit itu, aku jadi sudah mencoba semua dokter, mulai dari dokter kampus, dokter gigi, bahkan hingga 911!

Sakit yang pertama adalah sakit yang sudah tidak asing bagiku, batuk-batuk. Setelah 7 bulan hidup sehat, aku mendapat serangan batuk hebat. Sedih rasanya sakit tanpa ada keluarga yang merawat. Aku jadi mengingat orangtua yang akan merawat penuh kasih bila aku jatuh sakit. Duh, rasanya jadi ingin pulang, tapi hal itu tidak mungkin. Akhirnya, karena tidak ingin sakit sendirian, selama beberapa hari aku menginap di kamar teman yang sangat baik, yang bersedia merawatku di sela-sela kegiatan belajarnya yang super sibuk. Kupanggil dia si Emak, nama aslinya adalah Emmy Primadona (sesuai dengan namanya, dia adalah primadona kami). Beberapa malam pertama aku dibuatkannya minuman jeruk panas untuk melegakan pernapasanku. Kemudian, dipijatnya punggungku. Barulah aku bisa tidur sedikit lebih baik.

Namun rupanya batuk itu masih betah saja menempel padaku. Rasanya lebih dari satu minggu aku terus-menerus batuk. Hingga akhirnya aku memutuskan untuk pergi ke dokter. Aku mau mencoba ke dokter yang ada di kampus setiap hari Jumat sore, meski aku sudah mendengar bahwa pengobatan di Belanda itu sangat irit obat. Kalau bukan karena alasan sudah hampir mati, kayaknya dokter belum akan memberi obat. Nah, aku mau membuktikan hal itu. Batuk yang kuderita waktu itu benar-benar menyiksaku, sampai sesak dan tidak bisa tidur. Aku tidak percaya kalau dia tidak akan memberiku obat, karena kalau di Indonesia biasanya aku sudah mendapatkan obat dengan *nebulizer* untuk mengencerkan dahak.

Setelah mengantre sekitar satu jam, aku mendapatkan giliran periksaku. Sambil menunjukkan fotokopi kartu asuransiku, aku mengeluhkan sakitku padanya. Dia langsung melanjutkan dengan melakukan beberapa pemeriksaan pada tubuhku. Aku pasrah aja. *Oh, your oxygen level is okay. Just take a good rest. Drink much water. It will be fine*, katanya menasihatiku. Lalu? *Sudah. Itu saja*, katanya. *Hah, tapi saya ini batuk-batuk terus, Dokter, sudah agak lama tapi masih saja begini. Aku sesak, sakit sekali, nggak bisa tidur*, kataku protes. *Ya, kalau mau beli obat batuk, silakan, beli saja obat sirup di supermarket*, katanya santai. *Issh! Ni dokter magabut (makan gaji buta)*, rutukku dalam hati sambil keluar dari ruangannya. Aku berjalan dengan hati dongkol menuju supermarket untuk membeli sirup obat batuk. Huh, kalau tahu begini, untuk apa aku ke dokter?!? Capai *ngantre* hampir sejam, tak ada selembar kertas pun yang kubawa pulang, apalagi obat. *Mending* ke dukun, pulang masih dapat air tawar, alias air yang sudah dijampi-jampi, *hehehe*... (sembuhnya karena sugesti).

Sakit kedua yang kualami adalah sakit yang menurut Meggy Z lebih baik daripada sakit hati, yaitu sakit gigi (memang benar, padahal sakit liver itu lebih berbahaya dibanding sakit gigi). Waktu itu aku sedang magang di kantor pusat Palang Merah Belanda yang ada di Den Haag. Aku tidak tahu kenapa sebabnya, tapi gusiku sering sekali berdarah, bukan hanya saat sedang menyikat gigi saja. *Nggak* lucu, kan, sedang duduk dan kerja di depan komputer tiba-tiba saat membuka mulut akan berbicara sudah berubah jadi drakula karena gusiku berdarah-darah. Karena sering membuatku tidak pede itulah, akhirnya aku memberanikan diri mendatangi tempat praktik dokter gigi di dekat kampusku. Aku datang dan membuat janji terlebih dahulu. Ini adalah prosedur berobat di Belanda yang agak membuat repot. Melakukan segala hal harus membuat janji terlebih dulu. *Huft*, akhirnya dua hari berikutnya aku baru bisa datang lagi untuk berobat ke klinik gigi yang tampak cukup berkelas tersebut.

Aku datang pagi-pagi dengan wajah ceria, belum tahu tentang nasib tragis yang akan menimpaku sejam kemudian. Setelah menunggu cukup lama, aku pun dipanggil. Aku disuruh masuk ke sebuah ruangan berisi mesin yang luasnya hanya sebesar toilet. Seorang laki-laki datang ke dalam ruangan sempit itu, menyuruhku membuka mulut, dan memasukkan sesuatu yang tipis ke dalam mulutku. Susah sekali dan rasanya agak sakit. Kemudian, dia mengarahkan kepalaku, lalu *klik klik*. Oh, ternyata dia memotret gigiku!

Setelah pemotretan, barulah aku ditangani oleh seorang *hygienist. Sudah berapa lama kamu nggak ke dokter gigi?* katanya menginterogasiku sambil melihat kondisi dalam mulutku. Sebentar... Aku mencoba mengingat-ingat... Aku rasanya hanya pernah ke dokter gigi dua kali dalam hidupku, saat akan mencabut gigi, itu pun di Puskesmas yang ada di kampungku. Selain itu rasanya tidak pernah ke dokter gigi. *Umm, berapa tahun, ya?* kataku bingung. *Hah??!* Giliran dia yang syok. *Kamu seharusnya mendatangi dokter gigi minimal setahun sekali, membersihkan karang gigi. Lihat, ini sudah sangat parah*, katanya sambil memperlihatkan bagian dalam mulutku dengan sebuah cermin bulat. *Hiiy*, aku saja merasa takut melihatnya!

Oke, kita akan mulai membersihkan gigimu, katanya dingin. Dengan dibantu seorang asisten laki-laki, si *hygienist* cantik itu mulai mempersiapkan alat-alatnya. Aku setengah duduk setengah berbaring di kursi khusus itu. Lampu sorot besar ada di atas kepalaku. Bor mulai berbunyi, *nggiiiiinnggg*... Waduh, aku jadi deg-degan! Tiba-tiba cewek cantik itu berubah menjadi sosok yang menakutkan. *Aargghhh*!! Dia mulai menyiksaku. Sakitnya luar biasa, *huaaa*..! Aku sampai menangis karena menahan sakitnya. Gusiku berdarah-darah. Kemudian dia menyemprotkan air ke dalam mulutku, yang langsung disedot lagi oleh selang tersebut.

Beberapa menit sekali aku dipersilakan untuk berkumur-kumur, minum, menenangkan diri, sambil melap air mataku. *I know it hurts, but we have to do it. Sebentar lagi selesai,* katanya tersenyum iba kepadaku. *Huh,* sebentar lagi, sebentar lagi. Tapi kenapa rasanya lama sekali! Tak lama kemudian, siksaan dimulai lagi. Bor-bor itu terus mengikis karang gigi yang telah menahun melekat di gigiku. Gusiku menjadi terbuka dan berdarah terus. Airmataku menetes deras. Begitu seterusnya hingga hampir satu jam, penyiksaan itu pun berakhir. Hampir keseluruhan gigi yang bisa dijangkau telah dibersihkan. Aku tersenyum lemas.

Setelah selesai membersihkan gigi, baru kemudian dokter gigi masuk untuk mengecek keadaan gigiku. Ibu dokter itu memeriksa gigiku. Dia memberi instruksi kepada si *hygienist.* Kesimpulannya, seminggu lagi aku harus datang untuk cabut gigi, dua sekalian! Aku sudah tidak peduli. Sumpah, rasanya aku hampir pingsan! Oleh ibu dokter itu, aku disuruh membeli antibiotik dan obat kumur di apotik, dan entah nasihat apa lagi yang sudah tidak terlalu kudengar karena aku merasa limbung. Setelah membereskan administrasi, aku cepat-cepat pergi membeli obat. Kemudian kusadari suatu hal, aku trauma! Bunyi bor itu tidak hilang-hilang dari kepalaku hingga sore hari. *Ngiiiinnggg nggiinggg!!!*

Beberapa hari kemudian, *magic*! Tak ada darah sedikit pun saat aku menyikat gigi. Perdarahan itu benar-benar sembuh. Dan, horeee...gusi-gusiku mulai merapat lagi. Aku merasa percaya diri lagi. Hanya saja, aku merasa ada yang aneh. Mukosa mulutku rasanya menipis. Apa mungkin itu karena obat kumur yang terlalu keras, pikirku. Akhirnya untuk beberapa hari, aku menyikat gigi dengan perlahan karena rasanya perih, bahkan aku sempat merasa gatal saat makan *seafood*. Aneh *banget*!

Nah, satu minggu kemudian, tiba saatnya aku harus mencabut gigi. Aku pun datang kembali ke klinik itu dan bertemu lagi dengan si *hygienist* itu. Aku menceritakan masalah yang baru kurasakan. Dia memeriksa gigiku. *Kenapa gigi kamu sudah kotor lagi? Kamu sikat gigi, tidak??* tanyanya. *Ya sikat gigilah, tapi aku sudah bilang kalau aku tidak bisa sikat gigi dengan baik karena perih sekali*, kataku menjelaskan. *Kamu floss nggak?* tanyanya mencecarku. *Waduh, floss itu apa ya? Itu kumur-kumur bukan, sih? Emm...* Aku masih berpikir. *Kamu pasti nggak floss ini, padahal kemarin sudah dikasih tahu itu harus dilakukan*, katanya ngomel. Tiba-tiba aku merasa sangat bego. Aku, seorang *master student*, sudah tidak rutin membersihkan karang gigi, tidak mengerti floss juga. Ya, ampun, *ndeso*! ☹

Aku lantas teringat dengan benang yang biasanya dipakai Sya untuk membersihkan giginya. *Hmm, kayaknya itu yang namanya floss*. Tapi aku tidak tahu bagaimana cara memakainya. Di mana membelinya pun aku tak tahu. Akhirnya aku mengaku, *iya, aku nggak floss. Aku bisa dapat itu di mana, ya?* kataku memelas. Dia memberikan sesuatu di dalam lemarinya, gulungan benang dalam sebuah tempat plastik kecil. *Nih, een euro*, katanya. Ya ampun, cuma 1 euro *doang* ternyata! *Bikin malu saja*.

Setelah tragedi *flossing* itu, mereka mulai melakukan

penyiksaan berikutnya. Cabut gigi geraham, sekali dua! Untungnya proses cabut gigi ini tidak sesakit proses membersihkan gigi (ya iyalah, tumpukan karang gigi 20 tahun lebih, *haha*!). Namun parahnya, setelah cabut gigi dua geraham berdampingan itu, aku disuruh pulang begitu saja, tanpa resep apa-apa. *Apa???* Minimal obat sejuta umatlah, *paracetamol*. Tapi tak ada! Bisa dibayangkan betapa sakit yang kurasakan saat itu. Dan, kamu tahu aku harus membayar berapa untuk pembersihan dan cabut gigi itu? Hampir satu setengah juta rupiah! Nasiibb, oh, nasiib! Alhamdulillah, sebulan kemudian asuransi mau mengganti biaya yang sudah kukeluarkan itu. Horeee...

Tapi, *hiks*...aku sekarang sudah cacat, sudah kehilangan total 4 gigi. :'(Ini adalah pembelajaran besar untukku. Lingkungan yang membesarkanku jauh dari kepedulian terhadap gigi. Saat belajar di FKM dulu juga seingatku tidak ada tema khusus tentang kesehatan gigi dan mulut. *Well*, ke depannya, kalau aku sudah punya anak nanti, aku harus menjaga gigi anakku baik-baik, harus menghindari minum dari air hujan (hal yang menjadi kebiasaan di Kalimantan) supaya gigi tidak cepat rusak, mengajarinya membersihkan karang gigi secara rutin, dan melakukan *flossing* kalau perlu! Karena, gigi sungguh tidak terganti.

Hebohnya Sakit di Luar Negeri (2)

Nah, terakhir adalah cerita sakit yang paling seru. Hanya sekitar dua bulan sebelum pulang ke Indonesia, aku mendapat sakit di kantor magangku. Saat itu di suatu sore yang agak dingin tapi lumayan cerah. Aku bekerja seperti biasa dengan kolega Palang Merah-ku. Dalam satu ruangan itu, ada empat orang. Ada Paul, Henk, Marja, dan aku.

Sore itu telepon di mejaku berdering. Aku menjawabnya dan Marja menegurku karena aku melakukan kesalahan dalam menjawab telepon. Entah karena kepikiran atau bagaimana, tiba-tiba saja beberapa menit kemudian aku merasa tidak bisa bernapas dengan baik. Napasku pendek-pendek dan seperti tertahan. Aku buru-buru ke *pantry*. Mengambil air minum, berharap dapat melancarkan kembali pernapasanku. Namun, yang terjadi malah

Kantor tempat aku magang.

sebaliknya, sesakku tidak berkurang, malah semakin kuat rasanya. Duh, aku mulai panik.

Aku lantas menelepon Sya, sahabatku. Dengan suara terbata-bata, *"Sya, aku kenapa, ya? Aku nggak bisa ngomong, nih... Nanti datang ya... mungkin butuh dipijat."* Sya kebingungan di ujung sana, ada nada khawatir dalam suaranya. Kumatikan telepon. Aku lalu masuk ke dalam toilet. Di dalam situ, aku melihat wajahku di depan kaca. Badanku terasa aneh, tanganku sulit digerakkan, seperti kesemutan. Aku tidak mengerti apa yang terjadi. Aku takut. *Apakah ini sakit jantung? Atau, jangan-jangan ini serangan stroke? Hiiyy...* Aku merasa takut. Kucoba menarik napas dalam, susah sekali. Aku melompat-lompat kecil, maksudnya agar napas bisa terasa lancar kembali, tapi yang ada aku malah terengah-engah.

Aku memutuskan masuk kembali ke ruanganku. Aku duduk di depan komputer dan berusaha menenangkan diri. Sengaja aku tidak memberitahu kolegaku kalau aku sedang sakit. Beberapa saat kemudian Marja menerima telepon, dan tiba-tiba dia menyerahkan telepon itu padaku. Sambil menguatkan diri, aku menerima telepon itu. Seorang staf Palang Merah di sebuah daerah di Belanda menghubungiku untuk meminta penjelasan tentang rencana jadwal kunjungan kami ke sana. Tapi, di tengah pembicaraan itu aku merasa tidak kuat, aku tidak bisa bicara dengan baik. *Sorry, I can't talk... this time...,* kataku terbata-bata. Marja yang mendengar pembicaraanku langsung tanggap.

Dia cepat menyelesaikan telepon dan mengatakan akan menghubungi kembali. Kemudian dia menanyaiku. *Kamu kenapa?* Aku tidak bisa menjawab. Aku duduk di kursi dikelilingi semua kolegaku. Mereka bingung. Sama, aku juga bingung! Aku sama sekali tidak tahu kenapa tiba-tiba aku jadi susah bicara seperti ini.

Marja yang memiliki keterampilan pertolongan pertama segera memberikan instruksi-instruksi supaya aku tetap tenang. Kolega yang lain memanggil seorang *first aider* lainnya. Namun, setelah sekitar 10 menit aku tetap dalam keadaan terkapar, mereka akhirnya memutuskan untuk memanggil semacam 911. Sepuluh menit kemudian dua orang cewek dan cowok berbadan besar datang. Aku yakin aku sudah menimbulkan sedikit kericuhan karena tiba-tiba ada ambulans yang parkir di depan kantor dan ada 2 orang petugas 911 masuk kantor dengan cepat. Si cewek kemudian duduk berjongkok di depanku yang sedang terduduk di kursi. Ia dengan sangat tenang menanyaiku, kemudian memutuskan untuk membawaku ke mobil agar bisa diperiksa lebih lanjut. Sebenarnya kondisiku waktu itu sudah agak membaik. Tidak tahu, mungkin karena sugesti bahwa aku akan ditangani oleh orang yang sangat profesional, tiba-tiba napasku berangsur membaik. Namun si petugas tetap merasa harus memeriksaku di dalam mobil ambulans.

Dua petugas 911 berbaju khusus dan masing-masing membawa tas itu memapahku hingga masuk ke ambulans yang penuh dengan alat canggih itu. Aku disuruh berbaring di tempat tidurnya. Kemudian, dengan sekejap tubuhku sudah penuh dengan kabel. Aku pasrah saja. Dalam waktu 5–10 menit, mereka sudah mendapatkan hasil pemeriksaannya. *Your heart is fine.* Alhamdulillaaah, yang kutakutkan tidak terjadi! Aku tidak terkena serangan jantung, *thanks God! Kadar Hb kamu juga tidak ada masalah. Hanya saja, kadar oksigen terlalu tinggi. Kamu kena "hyperventilation".* Waduh, apa itu? Ventilasi itu bukannya lubang angin yang ada di atas jendela? Mereka lalu menjelaskan. Intinya adalah karena kadar oksigen dalam darahku terlalu tinggi sehingga respons untuk bernapas pun menjadi lambat karena tubuh merasa sudah tidak membutuhkan oksigen lagi. *Oalahhh*...miskomunikasi!

Mereka kemudian menyuruhku kembali ke kantor, tanpa memberiku obat sama sekali. Ketika mengetahui bahwa aku mempunyai masalah dengan lambung (*maag*), mereka hanya menyarankanku untuk membeli obat *maag* yang dijual bebas di toko. Sore itu, setelah dibelikan obat, aku pulang diantar oleh kolegaku. Seperti yang sudah kuduga, karena aku sudah menciptakan kehebohan, beberapa orang di lobi kantor langsung menanyaiku, *What happened? What happened?* sambil menatapku iba. Setelah kujawab, mereka pun mendoakanku. *Get well soon.*

Sesampainya di rumah, aku merasa begitu lelah dan ingin segera beristirahat. Namun betapa kagetnya aku karena saat hendak mengganti baju, aku mendapati dada dan punggungku penuh dengan stiker bulat! Kuabadikan sebentar tanda itu dengan kamera hapeku, *klik! Klik!* (*haha*, tetap, yaa!) Gila, banyak sekali! Itu stiker bekas detektor jantung mungkin, ya. Karena hal itu, aku tak bisa langsung tidur. Sya akhirnya datang ke tempatku dan ia mendapat tugas mulia, yakni membantuku mencabut stiker-stiker itu. *Adooww! Arghh!*

BELGIA

Experience is the father of wisdom.

Source: http://www.special-dictionary.com/proverbs/source/b/belgian_proverb/

La Baraque Michel

Desember 2011. Dalam perjalanan kereta dari Volendam menuju Den Haag bersama sahabat-sahabatku, sebuah pesan suara sempat kuterima. Dari Mr. Paul, seorang kolega dekat yang juga adalah *supervisor*-ku di kantor Palang Merah tempat aku magang. Teringat aku dengan sebuah pesan suara lain darinya yang kuterima semalam usai wisuda masterku, sebuah ucapan selamat. Namun, karena kelelahan dengan acara wisuda, *dinner* dengan Sanjay (*ehem*, ini pria yang sempat kuceritakan sebelumnya), dan dilanjutkan dengan *party* ala anak muda sampai tengah malam, aku belum sempat berterima kasih atas ucapannya.

Kudengarkan pesan suaranya sekali lagi, *"Hi, Nur, congratulation again for your graduation. I promised to you about skiing, do you remember? We can go to Belgium tomorrow if you want. There is a lot of snow this weekend on the mountain. But you have to come early to Bergen op Zoom station where I'll pick you up. Let me know soon if you agree."*

Aku menghela napas. Aku sudah berjanji besok akan makan siang sekaligus main *board game* di rumah Sya, sahabat baikku yang juga merangkap sebagai tukang pijatku, tukang potong rambutku, *hehehe*. Betapa multi-talentanya sahabatku yang satu ini. Aku hanya punya waktu seminggu lagi di Belanda ini sebelum pulang ke tanah air. Aku bahkan belum *packing*. Ditambah lagi, aku sebenarnya tidak begitu suka main-main salju ini, aku tidak tahan dingin. Sebenarnya aku ingin menolak undangannya, tapi kebaikannya memaksaku untuk mengatakan iya. Paul sudah pernah mengajakku jalan-jalan ke Brugge, Antwerpen, dan Brussels sebelum ini. Apalagi, ini kesempatan terakhirku untuk bertemu keluarganya, dan tentu saja, untuk melihat salju. Musim dingin tahun ini di Belanda sangat berbeda dengan tahun lalu. Tahun ini hanya suhu saja yang drop, ditambah angin kuat yang kadang seperti badai, tapi tidak ada salju. Ya sudahlah, kuputuskan untuk mengatakan "iya" saja, lantas meminta maaf kepada Sya karena terpaksa membatalkan janji ke rumahnya.

Keesokan harinya, aku bangun pagi-pagi sekali. Aku lupa apakah saat itu aku sempat mandi atau tidak. Saat musim dingin, aku suka malas mandi (padahal, saat bukan musim dingin juga aku sudah malas mandi, *hehe*..). Setelah bersiap-siap, aku segera meninggalkan kamarku, berjalan keluar—padahal langit masih gelap. Aku pergi dengan trem pertama yang akan membawa ke Centraal Station, dilanjutkan dengan kereta yang mengantarkanku ke Bergen op Zoom, lokasi *meeting point* kami. Bergen op Zoom adalah sebuah stasiun kereta kecil di dekat kota Breda.

Tidak beberapa lama setelah sampai di stasiun Bergen

op Zoom, Paul datang menjemputku dengan Anne, anak perempuan bungsunya yang tinggi badannya sudah jauh di atasku (padahal masih SD). Selesai bersapa-sapa ria, kami segera tancap gas ke bagian timur Belgia. Butuh waktu sekitar 1,5 jam untuk menuju daerah *wintersport* tersebut.

Mendekati lokasi, Paul memintaku untuk membantunya dalam navigasi menemukan "La Baraque Michel", tempat kami akan bermain salju. Apa, Baraque Mitchell?? Aku langsung teringat akan Barrack Obama dan istrinya, Michelle. :D

Paul bilang, itu adalah titik tertinggi di Belgia. Oh... pantas saja banyak saljunya. Berbeda sekali dengan Belanda yang hingga akhir bulan Desember itu tidak dihampiri oleh salju putih yang ditunggu-tunggu, terutama oleh anak-anak dan mereka yang belum pernah melihat salju.

Kami melalui jalan yang indah, di kanan-kiri jalan dihiasi oleh pohon-pohon pinus tinggi yang diselimuti salju. Duh, pemandangan yang luar biasa! Aku seperti berada di dunia lain. Semakin tinggi kami naik, semakin tebal pula saljunya, dan semakin indah. Betapa mengagumkannya ciptaan Tuhan ini. *Subhanallah*!

Akhirnya sampailah kami di lokasi *wintersport* yang terkenal tersebut. Paul meminjamkan jaket khusus ski kepunyaan anak perempuannya padaku, warna merah, sesuai dengan penutup kepalaku. Juga ada sepasang kaus kaki spesial. Sayangnya, dia tidak punya celana khusus untukku. Waduh, terpaksa aku pasrah dengan celana jeans ketatku. Salahku sendiri kenapa tidak mempersiapkan dengan baik. *Hufft,* semoga saja kakiku tidak membeku, pikirku.

Setelah berganti baju, kami bertiga masuk ke toko penyewaan alat-alat olahraga. Paul sudah mengatakan padaku kalau kami tidak akan ski, hanya *ice walking*. Alasannya karena aku belum pernah sama sekali melakukan *wintersport*, dan dia sendiri baru menjalani operasi bahu beberapa minggu yang lalu. Aku setuju saja, yang penting dibayari, *hehehe*... Paul menyewa tiga set peralatan *ice walking*. Masing-masing diberi sepasang sepatu datar (seperti beralas kayu), sepasang papan (luncur) dengan panjang kurang dari 1 meter sebagai tempat menjepit sepatu tadi, dan sepasang stik untuk dipegang di tangan.

La Baraque Michel, sebuah café di Baraque Michel.

Kami sepakat mengambil rute terpendek, yaitu hanya 4 kilometer. Nanti, kalau ternyata kami suka, kami dibolehkan mengambil rute yang lebih panjang, jelas Paul sambil memerlihatkan peta padaku. Aku mengiyakan dengan semangat. Aku merasa begitu keren memakai alat-alat ini. Aku pun mulai belajar berjalan. *Bismillah*... Satu langkah, dua langkah... *Wihh, asyik juga*... Satu langkah, dua langkah, *ahh,*

Mencoba peralatan ski.

cuma begini doang... Oke, aku coba meluncur, waaahh... *gedebug*!

Anne tertawa geli melihatku yang sebentar-sebentar jatuh terduduk di salju. Malunya aku, ditertawakan oleh anak belasan tahun. Aku mencoba bangun lagi, jalan sedikit, jalan cepat, jatuh lagi. Memang, rasanya tidak sakit karena jatuh di hamparan salju. Tapi lelah juga harus jatuh bangun lalu ditertawakan. Aku *cengengesan*. Teringat dengan jarak terpendek yang tadi dijelaskan Paul. *Walahh*, 4 kilometer, ya??? Gila, baru beberapa langkah meluncur aku sudah jatuh. Kapan sampainya ini??

Udara di sana dinginnya *kebangetan buangett*... (bisa *bayangin* dinginnya kayak apa? Kalau penasaran pengin tahu, masuk saja ke *freezer* kulkas! :p) OMG! Tangan dan kakiku serasa beku. *Frostbite*, mungkin, ya. Sakit. Aku teringat kasus-kasus amputasi karena *frostbite*. Hiiyy, jangan sampai terjadi, deh!

Everything is okay, Nur? Paul menanyaiku.

Paul, my hands and feet, mm... frozen... Is that okay? kataku memelas. Sebenarnya kalau bisa, aku pengin balik kanan dan pulang saja, tapi itu tidak mungkin. Apa kata dunia??!

Hmm... that's strange... but that's okay, keep walking then it will be warmer.

Paul menasihatiku agar terus bergerak supaya badan mengeluarkan panas. Oke. Aku mau membuktikannya. Meski jatuh bangun, aku terus menguatkan hati berjalan mengikuti mereka. Setelah cukup lama, benar juga. Tangan dan kakiku tidak terasa sakit lagi. Aku mulai rileks. Perjalanan yang asyik, tapi tetap melelahkan.

Anne dan Paul di depanku.

Hujan salju.

Di tengah perjalanan saat kami sedang beristirahat, wow, ada hujan salju! Indahnyaa... Penutup kepalaku, jaket, tas, semua langsung putih tertutup salju. Aku tertawa-tawa bersama Anne. Tapi kami tidak bisa berdiam terlalu lama. Kami harus tetap berjalan untuk menyelesaikan rute ini. Untung aku membawa kacamata hitamku. Aku memakainya untuk melindungi mata dari taburan salju, sekaligus buat gaya, tentunya! :p Mari meluncur lagii...

Lihatlah tebalnya salju dan kabut, mantap!

Setelah sekitar satu jam lebih di tengah hutan itu, kami mendapati diri kami sendirian tanpa tahu arah. Rutenya tidak jelas, kami kesulitan mencari petunjuk arah. Kata Paul, ini tipikal Belgium, selalu membingungkan. Kami terus berjalan, hingga akhirnya menemukan orang lain. Kami menanyakan arah jalan keluar, dan parahnya, mereka juga tidak tahu. Mereka juga kehilangan arah. Kami melanjutkan perjalanan dan menyemangati diri sendiri. Kemudian, aku mulai bosan dan kelelahan. Oh, rasanya perjalanan ini sudah sangat panjang. Anne juga sudah tampak kelelahan hingga tidak sanggup meluncur-luncur lagi. Dia hanya berjalan pendek. Paul bingung. Dia harus membawa dua gadis cantik ini pulang dengan selamat.

Aku berdoa supaya kami bisa segera keluar, secepatnya, dari tempat syuting *lord of the rings* ini (*well*, istilah ini hanya fantasiku saja ;p). Meski pemandangan hutan itu sangat indah dengan pepohonan tinggi berselimut salju tebal, ditambah dengan kabut tebal yang menggelayut, tapi benar, deh, aku tidak ingin mati di sini.

Kami terus berjalan, aku terseok-seok, sudah tak sanggup berjalan dengan cepat. Aku hanya berdoa dan terus berdoa agar bisa cepat menemukan jalan keluar. Dan, oh, rasanya aku sangat bahagia saat melihat ada makhluk lain, terutama manusia, meskipun itu sepasang kakek-nenek. (Oh ya, banyak juga lho anjing yang diajak ikut olahraga musim dingin ini. Gaya ya!)

Lebih bahagia lagi, saat kulihat plang yang kulihat saat mau masuk rute tadi. Rasanya pengin sujud syukur. Setengah jam kemudian, kami sudah berada di mobil menuju Belanda. Wah, aku merasa sangat beruntung! Pengalaman yang super, mungkin yang pertama dan terakhir. Memesona, melelahkan, sekaligus menegangkan. Keesokan harinya, seluruh badanku sakit semua. Wajar saja, baru belajar jalan, sudah langsung 4 kilometer!

PS. Belgia adalah negara yang terakhir kukunjungi sebelum meninggalkan Belanda dan pulang ke Indonesia. Aku harus kembali ke dunia nyata lagi, berpisah dengan semua fatamorgana ini. *Time flies*, kataku sedih kepada Paul. *Good! It means you enjoy your time here,* katanya positif, membuatku tersenyum kembali. *Yes, you right, I do enjoy my life here so much!* ☺

Kalau aku renungkan kembali perjalanan ini, aku meyakini, bahwa anugerah yang diberikan Allah padaku berupa kesempatan belajar di luar negeri dan mengeksplorasi hal-hal baru di negara-negara baru, berawal dari Masjidil Haram.

Berawal dari Haram

Coba bayangkan, seandainya di usia 22 tahun, kamu punya uang sekitar 20 juta. Mau kamu apakan uang sebanyak itu? Jalan-jalan keluar negeri? Bayar DP rumah? Menabung untuk biaya kawin (lagi)? Atau investasi usaha? Oke, investasi usaha mungkin hal yang paling produktif. Namun, ada cara yang kuketahui secara tidak sengaja, dan ternyata jauh lebih produktif. Suatu cara menghabiskan uang yang tidak akan pernah kusesali seumur hidup! (perasaan kok aku jadi seperti motivator MLM, ya?).

Di suatu sore, Bapakku mengabarkan bahwa aku punya bagian 20 juta dari tanahnya yang terjual. Semua saudaraku sudah mendapat bagian mereka sendiri-sendiri. Sementara sisanya, akan dipakai oleh Bapakku untuk naik haji. Ibuku sendiri sudah naik haji 3 tahun sebelumnya. Waktu itu, aku baru beberapa bulan lulus dari kuliah S1 di UI. Umurku baru 22 tahun. Aku ingin memakai uang itu, tapi tidak tahu akan dipakai untuk apa. Belum terpikir untuk membeli rumah atau membuat usaha. Penginnya sih beli cowok ganteng, tapi sayangnya tidak ada yang menjual, *hehehe*...

Sebenarnya, mimpiku waktu itu ingin melanjutkan S2 di luar negeri dan berkeliling dunia. *Jiahhh*, uang cuma 20 *jeti*! Jangankan untuk biaya S2 di luar negeri, S2 di dalam negeri saja mungkin tidak cukup. Apalagi mau keliling dunia. Aku berpikir keras. Mau dibawa ke mana uang ini. Entah bisikan dari mana yang memberiku ide, malam itu aku menghadap Bapakku kembali. Setelah bersemedi… *Bismillah*…

"Pak, saya mau… ikut naik haji…"

Setengah tak percaya, berkaca-kaca mata Bapakku saat mendengar kata-kataku itu. Namun, sebenarnya Bapakku agak ragu. Karena inilah satu-satunya uang besarku. Kalau ini dihabiskan, sudah tidak ada lagi asetku untuk masa depan. Sepertinya dia ingin aku menabung uang tersebut. Tapi aku tetap *keukeuh* ingin ikut. Hitung-hitung bisa menemani Bapakku, daripada Bapak pergi sendirian. Toh aku juga ingin keluar negeri.

Pendaftaran jamaah haji pun dilakukan dan kami dijadwalkan berangkat pada bulan Desember 2006. Aku terdaftar sebagai calon haji termuda dari kotaku. Tak pernah terpikir sebelumnya aku akan menunaikan ibadah haji pada usia yang begitu muda. Tak pernah mimpi apa-apa. Hanya saja, memang waktu kecil dulu, aku pernah diolok-olok teman-teman karena aku berjilbab. Mereka memanggil-manggilku yang masih kecil itu dengan olokan "Bu haji, bu haji!". Ketika hal itu kuceritakan pada ibuku karena kesal, ibuku menanggapi dengan santai. "Sudah, diaminkan saja…" katanya lembut. Dari situ, kalau ada yang menggoda aku dengan sebutan "Bu Haji", aku tinggal mengaminkan saja. *And it works!*

Haji adalah sesuatu yang spesial. Aku memulai persiapanku dengan lari pagi, biar fit saat tawaf dan sai, dan membeli banyak buku tentang ibadah haji dan umrah. Aku tidak bisa mengikuti semua tahap persiapan di kampung halaman karena saat itu aku masih bekerja di Jakarta. Aku mempelajari tumpukan buku seperti akan menghadapi ujian. Tapi, dasar jiwa *traveler*, naik haji kusamakan dengan jalan-jalan. Aku *bela-belain* meminjam kamera teman yang agak bagus dan membawa sebuah *handycam* untukku agar bisa merekam kegiatan saat di Arab sana. ;)

Nah, balik ke masalah uang 20 juta tadi. Jadi aku telah memutuskan untuk menghabiskan uang tadi dengan ikut Bapakku naik haji. Aku bersenang-senang di sana, serasa liburan. Ibadah jalan, belanja aktif, lirik kanan-kiri juga *tetepp*! Ya, namanya juga anak muda, *hehehe... By the way*, orang-orang Arab itu yang laki-laki banyak sekali yang suka *flirting*. Kalau aku pergi ke toko suvenir, misalnya, seriiing sekali ditanya dengan pandangan yang sangat menggoda, *cantik, sudah nikah belum?* Atau, saat aku sedang berjalan dengan temanku yang ibu-ibu, mereka pasti akan bicara pada ibu-ibu temanku tadi, *bu, itu anaknya, ya? Sudah merit?* Heran, deh, perasaan aku *nggak* ada *cakep-cakepnya* dibanding perempuan Arab, tapi tetap saja mereka agresif. Apa itu dilakukan agar aku *kegeeran* lalu membeli dagangan mereka, ya? *Hahaha*, tidak ada pengaruhnya.

Oh ya, di Tanah Haram ini banyak tempat yang katanya paling makbul untuk berdoa, misalnya di depan Kakbah di antara pintu dan Hajar Aswad, Raudhah di Masjid Nabawi, juga Jabal Rahmah; tempat pertemuan Adam dan Hawa yang terkenal sebagai tempat doa mudah jodoh. Di depan Kakbah dan Raudhah, segera aku mengeluarkan daftar doaku yang berlembar-lembar—tidak cuma doaku tapi juga ada doa titipan teman-teman, keluarga, dan orang sekampung. Selain masuk surga dan doa-doa spiritual lainnya, salah dua (bukan salah satu) doa prioritasku yang selalu kusebut berulang-ulang adalah agar mimpiku bisa terwujud, yakni **S2 di luar negeri** dan **keliling dunia**.

Pulang haji pada Januari 2007, uangku habis, aku kembali *kere*. Aku belum dapat pekerjaan tetap, hanya proyek-proyek pendek saja. Tapi, hanya selang beberapa bulan kemudian, aku mendapatkan peluang emas. Aku lolos seleksi pertukaran relawan Palang Merah ke Belanda. Hanya 10 hari, sih, tapi senangnya bukan main. Setelah kembali dari pertukaran relawan itu, aku dikontrak bekerja di PMI untuk sebuah proyek penanggulangan HIV di Lapas. *Sstt*, gajinya, sih, tidak begitu besar, tapi aku sempat menyisihkan uang untuk liburan ke Malaysia pada tahun 2008. *Yeeaah*, alhamdulillah! Apalagi, di Kuala Lumpur aku mendapat penjemputan, tumpangan tempat menginap, dan jalan-jalan gratis dari Kak Odah—teman yang waktu itu baru kukenal saat shalat di Masjidil Haram beberapa bulan sebelumnya. *Wew*, rezeki memang tidak akan ke mana-mana! Ini semua berkah Masjidil Haram! :)

Setelah 2 tahun bekerja di PMI, aku melamar beasiswa demi mewujudkan cita-citaku untuk melanjutkan kuliah di luar negeri. Aku melamar dua beasiswa pada saat itu,

StuNed dan Ford Foundation. *Aih*, Alhamdulillah, dasar nasib selalu beruntung, meski telat mendaftar dan awalnya hanya ditempatkan pada posisi cadangan, aku lulus beasiswa StuNed! Sementara beasiswa Ford-nya, meski aku sudah mendapatkan respons positif di awal, namun karena langkah di beasiswa StuNed sudah lebih jauh dijalani, aku mantapkan saja hati memilih Belanda sebagai negara tujuan studi. *Uhuy*, akhirnya aku terbang kembali ke Belanda untuk kuliah S2 di kota Den Haag.

Dari awal, misiku ke Belanda bukan menjadi menjadi pelajar terbaik, cukup menjadi pelajar oke. Belajar oke, kerja oke, jalan-jalan oke, *party* oke, asal *nggak* yang *erur-erur banget.* Sehingga, dalam waktu 16 bulan, aku bisa mengeksplor secara maksimal apa-apa yang bisa aku lakukan. Total, dalam 16 bulan saja, aku telah mengunjungi 13 negara di Eropa, termasuk Turki yang berada di benua Asia dan Eropa.

Jadi, berawal dari "Haram", alias Masjidil Haram, aku yakin bahwa 20 jutaku telah kuhabiskan dengan spektakuler. *Subhanallah, Allahu Akbar*, dengan 20 juta, aku telah mewujudkan mimpiku untuk mendapat gelar master dari luar negeri dan menjejakkan kakiku di Arab Saudi, Malaysia, serta 13 negara lainnya di Eropa. Belum bisa dikatakan keliling dunia, sih, tapi insya Allah kesempatan-kesempatan itu akan segera tiba. Seorang juri di acara TV Dai Impian mengatakan, kalau menginginkan sesuatu lebih cepat, jangan langsung terobsesi mengejar ke depan. Tapi tembakkan dulu ke atas, minta kepada-Nya. Itu yang telah kubuktikan, **Allah telah mendengar doaku di tempat-tempat ijabah dan mengabulkannya.**

Duh, sayangnya aku melewatkan kesempatan berdoa di Jabal Rahmah, tempat Adam dan Hawa bertemu, jadi kamu tahu apa yang belum kudapatkan. :p

Di depan Masjidil Haram.

Masjidil Haram menjelang pagi.

Kakbah di siang hari.

***

Betapa luar biasanya Baitullah, betapa luar biasanya pula pengalamanku di sana. Semuanya menjadi menarik untuk diingat. Namun, ada hal yang kurang sreg di hati setelah menunaikan ibadah haji, yaitu saat ada orang memanggilku Bu Hajjah, yang seakan-akan menempatkan statusku pada tingkat yang berbeda. Padahal, dengan menunaikan haji bukan berarti kemudian kita menjadi sempurna atau tanpa cela, apalagi dianggap tiba-tiba bisa memimpin doa, atau dianggap tiba-tiba jadi tahu semua hal tentang agama. Ekspektasi dari lingkungan sekitar kita kadang terlalu berlebihan. Pandangan seperti ini yang menurutku hanya akan membebani seseorang yang ingin pergi haji dalam usia muda.

Bagiku, haji merupakan perjalanan spiritual saat setiap orang mencoba mencari pengalaman yang paling meneguhkan iman mereka. Ketika pulang, aku masih seorang manusia yang sering lalai dan melakukan dosa. Aku masih seorang perempuan muda yang selalu *excited* pada dunia. **Berhaji sungguh tidak menyempurnakanku, tapi berhaji menyempurnakan Islam di mataku.**

Epilog

Aki, cucumu tidak menjadi dokter, tidak apa-apa, ya… Bapak, anakmu tidak menjadi PNS, tidak apa-apa, ya… Aku cukup bahagia dengan apa yang kujalani. Aku mencintai pekerjaanku, sementara di luar sana aku tahu tidak banyak orang yang mencintai pekerjaannya. Aku mensyukuri kesempatan melihat belahan dunia yang sungguh luas ini, bisa menulis dan membagikannya pada orang banyak. Yang penting, aku belajar dari Aki dan Bapak untuk berani bermimpi dan menantang diri. Itu sudah luar biasa.

Testimoni Dari Tanah Haram: Rasanya Allah Begitu Dekat

Tidak pernah aku merasakan kehadiran Allah begitu dekat, kecuali di tempat ini. Tidak pernah pula aku merasakan perpisahan yang begitu berat, kecuali dengan tempat ini. Kakbah. Baitullah. Baitul Atiq (rumah tertua). Itulah tempat paling indah yang pernah ada. Tidak membuat hati lelah meski mengelilinginya membuat fisik lelah. Tidak membuat bosan meski memandanginya berjam-jam.

Rasanya Allah begitu dekat di sini. Bukan sekadar kata ketika orang menceritakan bahwa betapa doa menjadi makbul di tempat ini. Alhamdulillah, Allah sudah membuktikan kebesaran-Nya padaku, ketika Ia mengabulkan doa yang kupanjatkan dengan sepenuh hati.

Kamis, 18 Januari 2007
(Sehari sebelum meninggalkan Mekkah)
Aku bertahan di masjid sejak shalat Subuh hingga Isya karena aku ingin sekali melihat wajah imam nomor satu Masjid al Haram, Imam Abdurrahman As-Sudais, yang suaranya sangat indah. Aku ditemani oleh Mbak Sri, seorang jamaah haji dari kota yang sama denganku. Sebagai

informasi, saking luasnya Masjid al Haram ini, jangankan bisa bertemu imam, aku bahkan tidak tau di mana sebenarnya sang imam memimpin shalat. Aku pun jadi penasaran, masa sudah lebih dari 20 hari di Mekkah tapi tidak pernah bisa melihat imam. Hari itu aku HARUS bisa melihat Imam As-Sudais.

Perjuangan dimulai... Sehabis Subuh menjelang Dhuha, aku tawaf sunat kemudian shalat Dhuha di depan Kakbah. Lalu aku duduk sambil menanti shalat Zuhur, kami duduk di arah Pintu 5 (menurut Kak Odah saat aku bertemu dengannya kemarin, sang Imam biasanya lewat situ). Seorang pria masuk dan menyita perhatian kami, dia berserban tinggi dan memakai baju gelap dengan selendang putih, tanpa kawalan petugas keamanan. Sangat aneh menurutku. Aku sampai bertanya iseng kepada Mbak Sri, "Bapak itu bajunya aneh sekali. Baju adat dari mana, ya?"

Kemudian, waktu shalat Asar, kami mencoba shalat di lantai 2 supaya bisa melihat imam dari atas. Ketika terdengar suara azan, kami melihat orang yang paling dekat dengan sajadah itu adalah seorang pria berserban tinggi, dengan baju gelap dan mungkin berselendang putih. "Lho, bukannya itu bapak-bapak yang tadi kita tertawakan kemarin karena bajunya aneh?" Mbak Sri menunjuknya. Lalu aku mengamatinya, dan membenarkan. Memang, dari jauh tampak serban yang tinggi, baju gelap, sangat mirip dengan potongan bapak yang sempat membuat kami terheran-heran.

Subhanallah. Rupanya Allah sudah mengabulkan doaku untuk dapat melihat imam dan posisinya ketika memimpin shalat. Imam shalat Zuhur dan Asar itu memang bukan Imam As-Sudais. Mungkin dia imam nomor dua, itu sebabnya beliau tadi tidak dikawal polisi. Sementara itu aku masih sangat penasaran dengan wajah Imam As-Sudais yang bersuara merdu, karenanya aku terus berdoa agar dipertemukan dan bisa melihat wajahnya dengan jelas.

Demi melihat Imam As-Sudais, untuk menunaikan shalat Magrib kami pindah lagi ke lantai paling atas, yang langsung beratapkan langit. Tapi memang dasar belum rezeki, niatnya mau melihat imam, tapi yang terlihat hanya posisi imam, di depan Kakbah, namun bentuk orangnya samar-samar. Ya jelas saja, kami sedang berada di lantai tertinggi Masjidil Haram.

Setelah shalat Maghrib di belakang shaf laki-laki, aku langsung berlari ke depan, kulihat beberapa perempuan juga melakukan hal yang sama. Aku melihat ke bawah, ternyata Kakbah sudah penuh dengan manusia yang menempel di dindingnya. *Masya Allah*, begitu cepat imam pergi meninggalkan tempatnya. Imam dan polisi pengawalnya berjalan menuju tempat memimpin shalat mayit yang ada di dekat ruang kaca di pelataran Kakbah.

Aku kira memang sudah takdirku belum diberi kesempatan untuk melihat imam. Saat beliau nanti memimpin shalat Isya aku sudah nggak bisa "mengintai" dari atas lagi, karena aku bercita-cita shalat persis di lantai yang sama dengan Kakbah (bukan di masjid, tapi di pelataran depan Kakbah) yang pastinya akan sangat penuh.

Selain berdoa sepenuh hati minta diberi kesempatan melihat wajah Imam As-Sudais, aku juga berdoa agar dipertemukan dengan Kak Odah yang menyuruhku berdoa agar nanti bisa dipertemukan dengan imam. Nah, karena sekalian mau turun ke bawah untuk shalat Isya, aku berharap bisa kembali bertemu dengan kakak itu. Tadi aku memang sudah berpesan lewat SMS agar dia duduk di kawasan tempat kami bertemu kemarin.

Turun ke masjid lantai 1, aku bolak-balik berputar-putar berharap melihat Kak Odah, tapi sepertinya juga belum rezeki, Kak Odah tidak ada di sana. Ya sudahlah, yang penting aku masih bisa shalat di depan Kakbah. Masya Allah, ternyata pelataran Kakbah sudah penuh. Hanya ada tempat di shaf paling belakang, di dekat tangga. Masih terlalu jauh untuk bisa melihat imam, apalagi nanti pasti akan tertutup saat jamaah sudah berdiri untuk shalat.

Paling tidak, impianku untuk shalat Isya di pelataran Kakbah tercapai. Kudengar baik-baik suara merdu Imam As-Sudais yang tidak bisa kulihat wajahnya, ini shalat Isya terakhirku dengannya dalam kunjungan kali ini (berharap akan ada kunjungan berikutnya, Insya Allah).

Setelah Isya, saat orang-orang shalat sunnah bakda Isya, aku malah memanjat dinding yang ada di dekat tangga untuk memperhatikan jalan imam menuju tempat shalat mayit. Saat beliau sedang memimpin shalat mayit, aku tidak ikut shalat karena masih penasaran dengan bentuk sang imam. Sayangnya susah sekali bisa melihatnya. Ternyata beliau bertubuh agak pendek, jadi sering tertutup oleh polisi yang mengawalnya. Wah, aku sudah pesimis sekali, karena setelah shalat mayat ini beliau pasti pulang lewat tangga di arah kanannya, yang paling dekat dengan beliau. *Good bye* Imam. Mungkin takdir kita memang belum bisa bertemu saat ini, mudah-mudahan suatu hari nanti doaku masih akan dikabulkan.

Assalamu'alaykum warahmatullah... Suara sang imam mengakhiri shalat mayit. Rombongan imam langsung bergerak ke sebelah kiri. *Wait*! Yang benar saja. Rasanya aku tidak percaya melihat beliau dan para pengawalnya berjalan ke arah kiri. *Subhanallah... walhamdulillah... walaailaahaillallah... wallahuakbar...* Mulutku tak henti berzikir berharap beliau benar-benar melewati kami. Dan Allah memperlihatkan kebesarannya, sang imam bergerak melewati shaf kami, dekat sekali dari tempatku memanjat. Dan, *Allahuakbar*! Aku melihat wajah dan bentuk imam dengan sangat jelas, dengan konsentrasiku yang sudah agak buyar gara-gara terlalu gembira.

Subhanallah... Betapa rasanya Allah sangat dekat di sini... Ia memberikan apa yang kita minta dengan cara yang luar biasa, tanpa diduga-duga... Bayangkan saja, dari sejak Zuhur sampai Maghrib kami pontang-panting berjuang ingin melihat imam tapi tidak berhasil juga. **Tapi saat kita sudah pasrah, Allah justru memberikannya untuk kita. Rasanya Allah begitu dekat...**

Pulang ke maktab atau asrama, rasanya hatiku seperti orang yang baru menang perang. Sepanjang perjalanan pulang, aku senyum-senyum sendiri. Tak henti berzikir. Benar-benar tidak menyangka doaku akan dikabulkan. Aku ingin sekali menceritakan ini pada Kak Odah yang menyuruhku berdoa, Insya Allah *nanti akan berjumpa imam*, katanya. Dia juga mengirimiku SMS hanya untuk bertanya, *"Dah nampak imam tak?"*

Sedih juga rasanya tidak ketemu dengan Kak Odah, sementara besok aku akan meninggalkan Mekkah setelah tawaf wada', jadi aku berpikir akan memberitahunya lewat SMS saja.

Jumat, 19 Januari 2007
(Hari Meninggalkan Kota Mekkah)
Karena sibuk, Subuh ini baru aku mengirimi Kak Odah SMS, menceritakan kemenanganku. Tak ada balasan. Aku menuju Masjid al Haram untuk tawaf wada'. Sebelum melakukan tawaf wada', aku membaca surah yang paling kucintai, surah Ar-Rahman, kemudian membaca sekali lagi doa-doaku, plus doa-doa titipan keluarga dan sahabatku, baru menunaikan shalat Dhuha.

Kemudian tawaf wada' kujalani dengan khusyuk, mengelilingi Kakbah sebanyak 7 putaran, ada rasa sedih menyelinap. Meski berharap bisa kembali ke sini lagi, tapi mungkin saja ini tawaf terakhirku. Sedih sekali rasanya, terutama saat berdoa di garis yang sejajar multazam. Berdialog dengan Allah langsung, menyatakan betapa rasanya Allah yang Maha Rahman begitu dekat denganku. Mengungkapkan kelemahanku dan betapa Allah telah memperlihatkan kebesarannya dengan mempertemukanku dengan Imam As-Sudais. Airmata bercucuran mengingat kebesaran Allah. Tersedu-sedu mengingat ini adalah saat terakhirku berada di tempat ini. Rasanya aku tidak ingin berpisah.

Di tengah kerumunan manusia yang begitu ramai di depan Kakbah, seseorang menepuk bahuku dari belakang. Dia kemudian memelukku. Isak tangisku semakin kuat saat melihat orang yang memelukku. Dialah Kak Odah. Orang yang kemarin aku pinta kepada Allah untuk dipertemukan sebelum meninggalkan Mekkah. *Sshh, jangan menangis*, katanya sambil masih memelukku. Mungkin dia pikir aku menangis karena sedih akan meninggalkan Mekkah. Sebenarnya lebih dari itu, yang membuat refleks menangisku lebih kencang adalah karena merasa Allah begitu dekat. Menyadari bahwa Allah sedang memperlihatkan kebesarannya dengan mengabulkan doaku, lagi.

Memikirkan pertemuan itu selalu membuatku heran. Bagaimana mungkin Kak Odah bisa menegurku dari belakang. Pada saat ribuan orang ada di sana, dengan bentuk yang hampir sama (rata-rata jamaah haji wanita dari Asia memakai mukena). Atau mungkin, dia sengaja mencariku setelah membaca SMS-ku subuh tadi, pikirku. *Maafkan, talipun saya telah hilang,* katanya. Aku terpana. Aku semakin yakin bahwa Allah telah menuntunnya untuk menemuiku.

Betapa besar kuasa Allah. Ia mempertemukanku dengan orang yang benar-benar kupinta kepada-Nya dalam doaku, di saat yang benar-benar tidak terduga, hanya beberapa menit sebelum aku meninggalkan Masjid al Haram. Betapa nyata kebesaran Allah, ketika Ia mengabulkan doaku dengan cara-Nya, dengan skenario yang tidak disangka-sangka.

Saudaraku, bersegeralah menunaikan ibadah haji. Rasakanlah apa yang aku rasakan. Indahnya berdialog dengan Allah, indahnya merasakan kehadiran Allah, dan mengagumi kebesaran-Nya. Yakinlah bahwa di sana, rasanya Allah begitu dekat...

Rasanya Allah Begitu Dekat
ditulis di Singkawang, Februari 2007.

Behind the Scene

Yaayyy!!! Akhirnya buku *Haram Keliling Dunia* ini bisa *mejeng* di toko buku, mewujudkan mimpiku untuk menjadi seorang penulis. *Hmm*, memang, sih, aku belum keliling dunia. Sampai saat ini, aku baru menjejakkan kaki ke-16 negara, masih jauh dari keliling dunia. Tapi, gimana, ya, masa aku harus menunggu tua untuk bisa menceritakan ini semua? Lagipula, insya Allah, aku *positive thinking* selalu, Allah akan memberikanku kesempatan yang lebih luas lagi untuk menjejakkan kaki di negara-negara lainnya supaya kalian bisa membaca *Haram Keliling Dunia* jilid 2! :p

Awalnya kutuliskan kisah-kisah perjalananku di sebuah blog yang kunamai **Haram Keliling Dunia**. Setelah hampir sebulan memublikasikan blogku melalui Facebook, respons-respons positif berdatangan dari pembaca blogku yang sebagian besar adalah teman-temanku. Lantas, aku menghubungi seseorang di penerbit buku Gramedia, memberikannya sebuah *email* yang di dalamnya berisi tautan untuk membaca tulisanku di blog, dengan harapan buku ini akan diterbitkan, serta sebuah pernyataan bahwa buku ini akan sukses. Entah datang dari mana kepercayaan diri itu.

Hari-hari penuh penantian kulalui. Tidak terlalu lama. Dalam 12 hari, aku menerima sebuah *email* yang membuatku ingin melompat. Sebuah *email* hangat yang mengatakan bahwa Gramedia telah menyetujui untuk menerbitkan blogku menjadi sebuah buku. Dunia serasa cerah penuh bunga dan kupu-kupu indah. Kemudian, aku memulai kerja keras untuk menjadi penulis buku. Fase demi fase kulewati. Berat, *jumpalitan*, jungkir balik. Beruntung sekali ada internet, aku bisa mencari tambahan bahan dan peribahasa dari Wikipedia serta Wikiquotes. Tidak hanya berhenti pada tahap itu, selesai menulis aku masih harus melakukan koordinasi sana-sini, dengan ilustrator, dengan editor, dengan *endorsers*. *Fhewhhh*! Akhirnya aku tahu, menjadi penulis itu tidak mudah! Aku bertekad tidak akan membeli buku bajakan lagi! *Hehehe*... Begitulah, perjalananku untuk menghadirkan buku pertamaku ini ke tangan kalian.

Pihak yang berkontribusi besar "menghamili" buku ini adalah Palang Merah Indonesia (PMI). Dari awal, aku merasa punya "utang" dengan PMI, karena telah membukakan jalanku sejak dari mengirimku dalam kegiatan pertukaran relawan untuk mempelajari *marketing* dan *fundraising* di Belanda hingga mengantarkanku untuk mendapatkan beasiswa StuNed dari Pemerintah Belanda. Karenanya, aku persembahkan buku ini, semoga bisa menjadi sarana untukku berkontribusi mempromosikan PMI kepada pemuda Indonesia. Aku yakin, menjadi relawan itu tak berarti harus bekerja di PMI, tapi hati dan perbuatannya selalu mendukung PMI.

Tidak seperti buku bergenre *traveling* yang biasanya membahas detail tentang *budget*, akomodasi, atau tempat-tempat unik untuk dikunjungi, buku ini lahir dari hasil renungan diri. Aku meyakini bahwa ada sesuatu kekuatan besar yang membawaku ke tempat-tempat itu, dan bonus dari itu adalah pengalaman-pengalaman yang super seru.

Tidak hanya berbagi kisah kepada para penyuka *traveling*, lebih jauh dari itu, aku ingin buku ini bisa menginspirasi pemuda-pemuda Indonesia untuk berani bermimpi dan pantang menyerah mengejar mimpi-mimpi itu, tanpa memandang umur, gender, asal, keterbatasan finansial, bentuk fisik, atau keterbatasan-keterbatasan lainnya. Selama kita masih punya hati dan otak, yakinlah bahwa kita mampu mengalahkan segala keterbatasan yang ada.

Aku juga ingin buku ini bisa mengundang rasa rindu yang lebih dalam bagi umat muslim untuk secepatnya mengunjungi Baitullah dan bagian lain dari bumi Allah, karena umur manusia hidup di bumi ini tak ada yang tahu. Tak hanya itu, aku juga berharap buku ini bisa mempromosikan kegiatan kemanusiaan, toleransi beragama, keindahan berdamai dengan perbedaan, dan antikekerasan maupun fanatisme.

Semoga Allah mencatat cinta pada *Rabb* dan sesama manusia ini sebagai amal ibadahku, dan juga kedua orang-tuaku. *Amiin ya Rabbal alamiin.*

Siapakah Nur Febriani Wardi?

Nur Febriani Wardi (NFW) dilahirkan di Kalimantan Barat pada 13 Februari 1984 sebagai anak ke-6 dari 7 bersaudara pasangan H. Wardi dan Hj. Wilda. Besar di Kota Singkawang, *The Hongkong of Indonesia*, dia menjalani pendidikannya di TK Aisyah Singkawang, SD Madrasah Ibtidaiyah Muhammadiyah Singkawang, SMP Negeri 3 Singkawang, dan SMA Negeri 1 Singkawang.

Tahun 2001, NFW mendapatkan tiket kuliah di Fakultas Kesehatan Masyarakat, Universitas Indonesia dan berhasil lulus sebagai Lulusan Terbaik Kedua FKM UI pada tahun 2005. Di akhir 2006, NFW mengambil keputusan untuk menunaikan ibadah haji bersama ayahandanya dan menjadi Haji Termuda dari Kota Singkawang (pada usia 22 tahun). Desember 2011, NFW menyelesaikan studi S2-nya dalam bidang yang menjadi *passion*-nya, yaitu *Children and Youth Studies* di *Institute of Social Studies (ISS) of Erasmus University Rotterdam* yang ada di kota Den Haag, Belanda.

NFW adalah pecinta kegiatan kemanusiaan. Ia mengikuti berbagai organisasi sosial, seperti menjadi Relawan MER-C Indonesia pasca-tsunami di Aceh, menjadi Relawan Portal Infaq ketika menangani korban tsunami di Pangandaran, Relawan Palang Merah sejak tahun 2007, dan hingga sekarang masih bekerja untuk kegiatan sosial kemasyarakatan.

Setelah mengikuti program pertukaran relawan Palang Merah di Belanda tahun 2007, NFW menjalankan program promosi Kesehatan Reproduksi termasuk pencegahan HIV/ AIDS di Lembaga Pemasyarakatan Kota Singkawang. Ia berteman dengan para penghuni Lapas selama lebih dari 2 tahun, hingga mendirikan perpustakaan di Lapas tersebut. Pengalaman unik tersebut, keberhasilan akademis, dan kiprah sosialnya mengantarkannya untuk memenangkan beasiswa penuh S2 di Belanda. Kepercayaan diri yang tinggi dalam menulis meloloskan *research paper*-nya yang mengangkat isu tentang *agency* pemuda di Lembaga Pemasyarakatan di Indonesia menjadikan *paper* itu salah satu nominasi *research paper* terbaik di kampusnya.

NFW menyukai jalan-jalan, fotografi, menulis, bermain bulutangkis, dan catur. Hobi fotografi dan menulis tentunya sudah tertuang dalam buku ini. Khusus untuk olahraga bulutangkis, ia sering bermain saat masih menjadi mahasiswa di Belanda karena tersedianya fasilitas *sporthall* dari kampus. Tentang catur, ini adalah hobi yang jarang sekali ia lakukan, karena kesulitan menemukan *partner* bermain. Meski begitu, ia pernah ikut bertanding catur beregu melawan mahasiswa dari negara lain saat pertandingan antar kampus di Belanda, dan tak disangka, ia mendapat penghargaan Most Valuable Player (MVP) Award dari kampusnya.

Dua bulan setelah pulang ke Indonesia dengan membawa gelar Master of Arts in Development Studies, NFW dipercaya untuk menjadi pimpinan sebuah organisasi sosial nonprofit bernama Foundation for Mother and Child Health Indonesia atau di Indonesia dikenal sebagai Yayasan Balita Sehat (lihat websitenya di www.fmch-indonesia.org).

Travelers and Peace lovers yang ingin menghubungi NFW bisa mengirimkan *email* ke haramkelilingdunia@gmail.com, atau *follow* Twitter-nya di @enefwe.

Apa Kata Mereka?

"Setelah sempat mendapatkan semacam 'peringatan' halus dari Neng Febri (*hehehe*, maaf, ya, bacanya lama. Bawaan bumil. Baca sebentar terus biasanya malah *ngantuk*), akhirnya makin semangat untuk menyelesaikan membaca tulisan hasil karyanya yang dari judulnya saja, *Haram Keliling Dunia,* bisa membuat orang menengok penasaran kalau bukunya Febri ini insya Allah sudah dipajang di toko buku. Amin...

"Jujur, nih, sebetulnya di awal saat Febri mengirim draft tulisannya ini, saya agak bingung mau menulis apa dan juga sempat terlintas pikiran, '*Saya ini bukan siapa-siapa, apa nggak salah, ya?'* Buat yang iseng menyempatkan diri membaca sekilas apa yang saya tulis ini, saya 'hanya' salah satu staf di pusat pendidikan salah satu negara Eropa yang mengurus administrasi beasiswa yang diperoleh Febri untuk melanjutkan studi S2 pada tahun 2010–2011. *Ehm,* mungkin Febri minta saya menuliskan sesuatu karena terkesan sekali dengan kegalakan atau kecerewetan saya dulu ya, *hehehe*...

"Yang jelas, saya kagum dan minder dengan semua pengalaman Febri yang sudah menjejakkan kaki di 15 negara, 13 negara di antaranya dikunjungi dalam kurun waktu 16 bulan, atau berarti ini selama Febri studi S2. Saya sudah pasti tidak seberani, sepenuh tekad, dan berjiwa petualang seperti Febri, padahal secara fisik Febri jauh lebih mungil daripada saya (mari kita cari korelasinya apa!). Untung lulus tepat waktu, ya, Feb! Kalau saja sempat minta perpanjangan masa studi dan penyebabnya gara-gara terlalu sering jalan-jalan, kami bisa membuat peraturan baru, nih, untuk penerima beasiswa generasi selanjutnya dari kantor kami, yaitu **dilarang keras** jalan-jalan selama studi, *hehehe*... *Btw*, apakah ini berarti uang saku dari beasiswa kami ini berlimpah, ya, sampai bisa sering jalan-jalan? :p

"Dari semua cerita yang dituliskan Febri, kisah perjalanan menunaikan ibadah haji dan menjadi relawan di kapal milik Palang Merah Belanda sungguh sangat mengesankan hati. Kalau saya yang diberikan uang 20 juta saat usia saya masih 22 tahun, kemungkinan besar saya akan seperti umumnya anak muda yang lain, yaitu akan menggunakan uang tersebut untuk mentraktir teman-teman dan jalan-jalan, dan bukan memilih menunaikan ibadah haji. Saya setidaknya mendapat sedikit gambaran mengenai pengalaman Febri di Tanah Suci karena alhamdulillah pernah diberi kesempatan beribadah umrah (*sssttt*, itu sebetulnya hadiah dari orangtua sebagai 'pelangkah' karena adik laki-laki saya menikah lebih dulu dari saya, *hehehe*...). Tapi saya tidak sebandel Febri yang menyembunyikan ponsel berkamera di kaus kaki. Saya belum pernah menjadi relawan, itu sebabnya saya sibuk membayangkan bagaimana rasanya menjadi relawan di kapal seperti yang dialami Febri. Harus mengurus oma-oma dan opa-opa pula! Seru pastinya, ya? Sumpah, Febri itu kecil-kecil tapi 'jagoan' banget, ya!

"PS. (bukan *phones*x*, tapi *postscript* seperti yang ditulis Febri di atas, *hehehe*...) Hal yang makin membuat saya heran, Feb, kamu ke mana-mana selalu bermodal om (atau tante?) *google* dan peta hingga akhirnya bisa menjelajah ke berbagai tempat di berbagai negara. Tapi kenapa pas di Den Haag itu sempat *kesasar* mencari hotel tempat saya menginap? *Wkwkwkwkwkwkwk, piss ah*... Salam sukses!"

—Siska Aprilianti. Ibu dari seorang putri cantik, sudah bukan *bumil* lagi

"Febri itu mengalir. Impiannya sederhana, sesederhana impian banyak orang di belahan bumi ini. Siapa, sih, yang *nggak* mau keliling dunia?! ^.^ *Well*, tapi caranya mewujudkan mimpi ternyata *nggak* sederhana. Febri harus mengorbankan sementara 'status penurut'nya pada orangtua, menjadi relawan yang rela *nggak* dibayar, dan jadi pekerja sosial di antara pastinya tawaran-tawaran menggoda dengan status *cum-laudenya*! Untaian ini bertaut indah saat Allah 'menjamu'-nya di tanah Haram, di mana jejak kaki perdana dimulai untuk mengagumi kekayaan-Nya.

"Buku ini ringan dan menarik untuk dibaca. Segar. Ada *spirit* tentang perjuangan di sana, juga keindahan kasih sayang yang tulus dan pelajaran-pelajaran berharga dari berbagai negara. Salut buat Febri yang sudah mau berbagi. ^.- *So guys, Haram Keliling Dunia* sebelum baca buku ini!!! *Enjoy*!"

—Kawaii kichan atau Rizki D. Winiar. Anak seorang penulis, penyuka bisnis, pengkhayal masakan, suka segala sesuatu yang *cute*, dan imajinatif

"Jika kebanyakan *traveler* mengetahui tujuan liburannya dan mempersiapkan segala sesuatunya, tidak begitu halnya dengan Febri. Febri bercerita dalam kepolosan, yang saya yakin juga banyak dialami oleh orang-orang yang mendapat kesempatan keliling Eropa, yang sering kali tidak tergambar dalam buku *traveler* lain. Di sisi lain, Febri mampu memperlihatkan bagaimana ia dapat menyesuaikan diri sebagai minoritas dan tetap menikmati setiap 'liburan' yang diperolehnya dari sebuah doa di Tanah Haram."

—Kristina Sabatini. Master epidemiologi, pekerja sosial, *baker*, (calon) *traveler*

"*Thank you for creating such an informative and lovely travel book. I am a life traveler but had never bother to take notes on the visited places. But after Europe, I changed. Her simple writing style will fascinate readers who had and will travel.*"

—Sokdah. *A traveler and will keep on traveling from Kuala Lumpur*

"Buku yang benar-benar bikin aku *envy* membacanya!! Cara menulis dan ilustrasi yang membuat kita melayang ke tempat yang diceritakan (ada foto-foto yang jepretannya oke punya pula! Tambah bikin iri, Bu Men! :p). Aku jadi bertanda tanya, ini sebenarnya fotografer atau *travel writer*, ya? Salut untuk Ibu Manajerku yang satu ini. :). Jempol tambahan lagi karena mengangkat cerita ibadah haji unik yang belum pernah aku dengar sebelumnya. Irinya jadi dobel, deh, Bu Men! :p."

—Dewi Fatmaningrum, alias DePe. *Master candidate at* SEAMEO-RECFON

"Inspiratif! Membaca pengalaman yang tertulis di buku ini sangat memberikan inspirasi, bagaimana sebuah impian, khayalan, dan cita-cita bukanlah suatu hal yang tidak mungkin untuk dicapai. Modal utamanya adalah niat dan kemauan yang kuat, didukung oleh doa yang dipanjatkan dengan sungguh-sungguh. Banyak kegiatan positif, mulai dari pengalaman semasa kecil di sebuah kota kecil, perjalanan rohani, hingga perjalanan menempuh cita-cita diceritakan dengan bahasa yg mudah untuk dipahami.

"Berbekal sebagai seorang relawan Palang Merah Indonesia, penulis berhasil mengejar impian dan cita-citanya melalui beasiswa yang diterimanya. Hal ini tentu dapat menjadi inspirasi dan motivasi bagi relawan Palang Merah yang lain untuk bersama-sama berbuat sesutau sambil mengembangkan diri demi kemajuan organisasi sosial kemanusiaan ini.

"Sebagai salah seorang pengurus Palang Merah Indonesia Provinsi Kalimantan Barat yang membidangi relawan, tentu kita sangat menyambut baik buku ini. Semoga bermanfaat!"

—Adi Sumariadi. Wakil Ketua bidang SDM dan generasi muda PMI Prov. Kalimantan Barat

"When there is a will, there is a way. Pepatah ini paling sesuai untuk perjalanan haram yang dilakukan oleh Febri, sahabat saya penyuka warna ungu ini. Keinginannya untuk menunaikan ibadah haji diperolehnya dalam usia muda dan dari situlah keinginannya untuk menjelajahi belahan bumi selain katulistiwa diamini oleh Yang Maha

Mendengar. Kisah perjalanannya seru untuk diikuti, apalagi ditambah dengan foto-foto yang menarik sangat inspiratif bagi saya, termasuk Anda yang ingin melakukan perjalanan tanpa harus keluar uang banyak."

—Ratri Ciptaningtyas. Sahabat penulis, dosen UIN Syarif Hidayatullah

"Febri menulis buku ini dengan sangat indah, informatif, dan mampu membawa pembacanya ikut ke dalam alur cerita. Saya dibawa kembali ke momen saat kami melakukan *traveling* bersama sebagai dua mahasiswa Indonesia yang ingin melihat negara orang dengan modal terbatas. Buku ini mengingatkan saya akan indahnya persahabatan yang kami mulai saat mengikuti *English Academic Preparation* di Jakarta, yang dilanjutkan dengan belajar di kampus yang sama di negeri tulip.

"'*My travel buddy'* ini memang mempunyai bakat yang luar biasa. Dia sukses jalan-jalan, bisa *internship* di institusi bergengsi di Belanda, punya 'teman dekat' si 'Sanjay' yang siap sedia menemaninya, dan dia mampu meraih prestasi di kampus, bahkan nilai tesisnya hanya tinggal satu poin saja menuju '*distinction'*. Dan saya yakin buku ini dapat memberi inspirasi bagi mahasiswa yang ingin sukses dalam hal belajar, cinta, dan jalan-jalan.

"Momen paling berkesan bagi saya adalah saat memulai perjalanan bersama pertama kami dari Den Haag menuju Praha, Vienna, dan Budapest dengan bus selama 12 jam. Saat itu, Febri mengajak jalan-jalan sebagai obat mujarab bagi saya yang sedang patah hati, sekaligus mengejar ketertinggalan kami berdua sebagai duo yang belum melancong keluar dari Belanda. Dengan modal apa adanya kami nekat jalan-jalan, dan untungnya kami punya banyak persamaan. Menu utama kami kalau 'sangat kelaparan' adalah mencari makanan yang mengenyangkan, murah, dan halal sehingga jadilah donner kebab *always on our top list*. Febri juga sedang 'ganjen' sebagai *new photographer,* potret sana sini dengan kamera barunya saat itu, dan saya juga dengan senang hati akan menawarkan diri untuk menjadi model bagi kameranya. Yang penting bagi kami adalah masing-masing harus ada foto diri di depan Sagrada Familia di Spanyol, Istana Schönbrunn di Vienna, Charles Bridge di Praha, gedung parlemen di Budapest, Blue Mosque dan Hagia Sophia di Turki. Ya, cukup berfoto di depan gedung-gedung tersebut saja, karena kalau mau masuk ke dalamnya, kami belum punya dana yang cukup saat itu.

"Banyak cerita seru yang kami alami berdua selama jalan-jalan tertuang dalam buku ini, yang pada akhirnya membuat kami banyak sekali belajar. Sebuah pembelajaran berharga tentang memaknai dan menghargai perbedaan, *deal with culture shock, curiosity*, membaca peta, dan menjaga keimanan. Mengagumi negara orang karena terpesona dengan kecantikannya dan keteraturan yang diiringi dengan sistem yang berjalan baik sehingga kami bertanya dalam hati, 'kapan negara kita bisa seperti ini ya?'"

—Yecin Apriana. *Author's travel buddy*,
jomblo, PNS, penggemar Kanada

Galeri

Bersama Ayahanda tercinta di pelataran
Masjid Nabawi, Madinah, awal 2007.

Menjadi relawan termuda dan "tereksotis" pada
perjalanan kapal *Henry Dunant*, Februari 2011.

Beginilah penampilan tentara Swiss yang menjaga Vatikan. Trendi, ya?

Parade rombongan Paus di Vatikan.

Foto favoritku, nih,
appointing the Eiffel Tower!

Birunya air di Grotta Azzurra.

Keindahan Capri Island yang memesona.

Salah satu *highway* tertinggi di Eropa ada di Swiss!